Erwin Javor
Ich bin ein Zebra

ERWIN JAVOR
ICH BIN EIN ZEBRA
EINE JÜDISCHE ODYSSEE

Amalthea
Verlag

1. Auflage September 2017
2. Auflage Februar 2018

Besuchen Sie uns im Internet unter: amalthea.at

Umschlaggestaltung: Elisabeth Pirker/OFFBEAT
Umschlagmotiv: Anas Abdurrahman/designhill.com
Zeichnung Nachsatz: Martin Holt
Lektorat: Maria-Christine Leitgeb
Herstellung und Satz: VerlagsService Dietmar Schmitz GmbH, Heimstetten
Gesetzt aus der 11,75/16,25 pt Adobe Caslon Pro
Designed in Austria, printed in the EU
ISBN 978-3-99050-092-7

»… *und Lächeln ist das Erbteil meines Stammes.*«

FRIEDRICH TORBERG

Inhalt

Vorwort   9

Oj! Vom Schtetl nach Budapest   12

  Mit einem Schlag ist alles anders   24

  Nach dem Krieg – und wieder von vorn   27

  Der eigentliche Plan   30

    Ein Jude wird geboren   31

    Beschneidung – Brith Milah   32

    Erwachsen werden – Bar Mitzwa   33

    Heiraten – Chassene   35

    Familie – Mischpoche   43

    Sterben – Chewra Kadischa   54

Pax heißt nicht Frieden – von Budapest nach Wien   58

  Eva   62

  Holz und gestickte Blusen   66

  »Schtetele« Wien   68

  Ein Gott, mit dem man verhandeln kann   96

Mein Vater und ich   117

  Wie man seinen Lebensunterhalt
  verdient   137

  Schtetlkunde – Die praktische Anwendung   144

    Erfolg und Misserfolg   155

Preis des Erfolgs 160

Luxuszores – Hypochonder wie du und ich 162

Die Tür in der Außenmauer 169

Integration und Paradoxon 169

Identitäten, so viele Identitäten 172

Wir und die Gojim 176

Happy End? 195

Halt mir das Kamel!
Wien – Israel – Wien 200

Israel ist ein ganz normales Land,
aber nur fast 212

Tel Aviv Alltag 215

Men kennt lejbn, ober men losst nischt 220

Postscriptum – Dichtung und Wahrheit 222

Kleines Schtetl-Lexikon 233

Vorwort

▪ Treffen sich zwei Freunde. Sagt der eine: »Ich hab' einen neuen Witz für dich.« – »Neuer Witz?«, entgegnet der andere mit tieftrauriger, gelangweilter Miene. »Ich kenne schon alle Witze, du hast mir doch nie einen neuen erzählt, und wenn, dann hast du ihn nicht verstanden und völlig falsch erzählt.« – »Aber den kennst du sicher noch nicht: Fahren zwei Juden mit der Eisenbahn ...«

Der andere unterbricht ihn genervt: »Also jetzt hör schon auf. Immer diese jüdischen Witze. Gibt es keine anderen Länder? Gibt es keine anderen Völker? Gibt es keine anderen Religionen? Gibt es keine anderen Kulturen? Immer, immer wieder Juden, Juden und jüdische Witze! Ich kann es nicht mehr hören!«

Das sieht der andere ein und fährt fort: »Also gut. Fahren zwei Chinesen mit der Eisenbahn, sagt der Blau zum Grün ...«

Ich schreibe über Dinge, die mich bewegen, und es ist mir bewusst, dass ich eigentlich immer nur über zwei Themen schreibe. Erstens darüber, was gewisse Nicht-Juden den Juden antun. Zweitens darüber, was gewisse Juden den Juden antun. Manchmal denke ich mir, es muss doch noch ein drittes Thema geben. Drittes Thema. Dritter Mann, Dritte Welt, dritte Zähne, drittes Lager, Drittes Reich. Themenwechsel!

Aber welches Thema? Es muss doch irgendetwas geben, das

nichts mit Juden zu tun hat! Ja, genau. Weihnachten. Da wird zwar die Geburt eines Juden gefeiert, aber wir wollen ja nicht kleinlich sein. Das berühmte Lied »White Christmas«, die meistverkaufte Single aller Zeiten, hat übrigens Irving Berlin geschrieben, der eigentlich Israel Isidore Beilin hieß.

Also gut, ich gebe auf. Es gibt kein drittes Thema.

Dieses Buch ist eine Liebeserklärung an meine verstorbenen Eltern und ganz besonders an meinen Vater, weil ich dank ihm noch Zeuge der Reste einer heute verlorenen Welt bin. Ich möchte die Erinnerung an die untergegangene Welt der Ostjuden, die ich noch in mir trage, am Leben erhalten. Sie setzt sich in meinem Leben auf meine Weise und im Leben meiner Kinder auf ihre Weise fort.

Was gibt es hier zu lesen? Jüdische Witze? Ja, auch, aber nicht nur. Der jüdische Witz gilt als etwas Besonderes. Die Bibliotheken sind voll mit Erklärungen, warum das so ist. Sogar Sigmund Freud hat über den »Witz und seine Beziehung zum Unbewussten« geschrieben. Der hohe Anteil an Juden unter Komikern ist vermutlich auch kein Zufall.

Für mich sind die essenziellen Elemente, die den jüdischen Witz zu dem machen, was er ist, zunächst einmal seine Kraft als Vehikel des Widerstands gegen Antisemitismus und Verfolgung, aber auch gegen alle anderen widrigen Umstände des Lebens. Gegen übermächtige Gegner und Umstände lässt es sich nur gewitzt kämpfen – das wissen wir schon seit David und Goliath. Typische Facetten dieses Humors sind Selbstironie, aber auch Selbstzweifel, Selbstkritik und kreative Lösungen.

Hier gibt es aber nicht nur Witze zu lesen, sondern auch wahre, vor allem persönliche Geschichten über deren Nährboden. Jüdische Geschichte ist der Hintergrund des jüdischen

Witzes, der ohne sie nicht so entstanden und geworden wäre. Deshalb entwickelt er sich auch immer weiter. Dieselben Geschichten, die mir mein Vater erzählt hat, gibt es in Varianten meiner Generation und in wieder neuen Varianten der Generation meiner Kinder und in europäischen, amerikanischen oder israelischen Abwandlungen. Es besteht wenig Gefahr, dass der jüdische Witz aussterben wird. Erst wenn die jüdische Erzähltradition humorlos wird, geht es den Juden vielleicht endgültig und überall gut, dann erst wird der jüdische Witz aussterben. Damit könnte ich gut leben.

Wer soll dieses Buch lesen? Ich stelle mir ganz unterschiedliche Leser vor, die Freude daran haben könnten: Nicht-Juden, die sich für die jüdische Kultur interessieren und wenig Gelegenheit haben, Juden kennenzulernen. Ich gehe auch davon aus, dass Juden sich für dieses Buch interessieren, obwohl ich schon ein mulmiges Gefühl habe, wenn ich an ihre Reaktion denke. Zuerst werden sie behaupten, sie kennen viel bessere Witze, Anekdoten und Typen. Ich höre sie schon: »Den hättest du schreiben sollen!« Dann werden sie mir erklären, was ich alles falsch erzählt habe. Aber was soll's? Juden sind sowieso schwer zu unterhalten:

- Ein Zirkusartist steht auf dem Kopf auf dem Sattel eines Einrads ohne Netz auf dem Hochseil und spielt dabei Geige. Das Publikum ist verzückt und begeistert. Aber nicht alle. Voller Herablassung sagt der Blau zum Grün: »Yehudi Menuhin ist der keiner!«

Im Übrigen ist es das beste Buch, das ich je geschrieben habe, aber Yehudi Menuhin bin ich keiner.

Oj! Vom Schtetl nach Budapest

Das Schtetl ist, mit Sehnsucht verklärt, im kollektiven jüdischen Gedächtnis immer noch präsent. Auch und besonders jene, die es verdrängen wollen, als Ballast empfinden und über lange Strecken hinweg vergessen, tragen es weiter in sich. Mein Vater konnte mir noch davon erzählen. Durch die Sprache, Jiddisch, durch seine Geschichte und seine Geschichten, durch die Art, wie diese mich geprägt haben, ist und bleibt ein Teil von mir dort verhaftet. Wie bei den Generationen vor mir werden diese alten Geschichten durch mein eigenes Leben gefiltert und entstehen so immer wieder neu.

Also, reden wir einmal kurz über die Juden.

Die versunkene Welt des Schtetl war eine harte, erbarmungslose Lebenswelt. Aber gerade daraus entstand, was heute zahllose Wälzer über den jüdischen Humor füllt. Wieso ist gerade der so lustig? Weil hinter jeder guten Pointe wie bei jeder guten Komödie eine Tragödie steht.

Ein Blick zurück, und ich bin in Tarnopol und Jablonica. Ich bin 1947 in Budapest zur Welt gekommen und habe das Schtetl nicht mehr selbst erlebt. Auch meine Mutter ist bereits in der Großstadt, in Budapest, geboren. Aber ich fühle das Leben im Schtetl, sehe es vor mir, höre die Geräusche und Stimmen, die Muttersprache, die Mammeloschn, rieche den Scholet, den schweren Bohneneintopf, schmecke die trockenen Mazzes, spüre die bittere Not, die Starre der Angst ums nackte Leben und die Kälte der Mörder, die immer nah waren.

Ich spüre aber auch den Zusammenhalt, den Überlebens-
kampf, das Gottvertrauen, den Bildungshunger und die Hoffnung auf ein besseres Leben für die Kinder. Immer.

Markus Mordechai Engelstein, wurde als Sohn von Dvora und
Eli Engelstein, Forstwirt und Holzhändler, am 23. Juni 1911 in
Jablonica in Ostgalizien geboren – sofern das überhaupt stimmt.
Es war im Schtetl nämlich vorausschauend üblich, genau zu
überlegen und zu diskutieren, wann Geburten eines Sohnes den
lokalen Behörden gemeldet werden sollten, um dem Buben eine
Zukunft beim Militär und somit den drohenden Verlust der
jüdischen Identität und Traditionen zu ersparen:

- Eine Schwangere kommt zum Rabbiner. »Was soll ich
  tun? Wenn es ein Bub wird, wann soll ich es melden? Was
  gebe ich als Geburtsdatum an?« Der Rabbiner schüttelt
  verständnislos den Kopf. »Ich verstehe die Frage nicht.« –
  »Falls ich das Kind älter mache, kommt der Bub zu früh
  für sein Alter zum Militär. Und wenn ich ihn jünger mache,
  als er ist, dann hat er vielleicht schon Frau und Kinder,
  wenn er eingezogen wird. Also was soll ich tun?« – »Dann
  sag doch die Wahrheit!«, bot der Rabbiner als alternative
  Vorgangsweise an. Die Schwangere war hocherfreut: »Auf
  die Idee wäre ich nicht gekommen!«

Als Eli Engelstein in der niederösterreichischen Kaserne Wöl-
lersdorf zum k.u.k. Soldaten in kaiserlichen Diensten ausgebil-
det wurde, war Ostgalizien noch Teil Österreich-Ungarns und
gehörte später zu Polen. Sein Sohn Markus wurde allen elterli-
chen Bemühungen zum Trotz als polnischer Ulan einberufen.

Man hatte ihn wie alle anderen Burschen im Schtetl vor der Musterung angehalten, sich zu »plagen«, also nichts zu essen und einige Nächte lang nicht zu schlafen, um möglichst überzeugend krank zu erscheinen und dem Militärdienst entgehen zu können. Aber das gelang nicht. Markus Engelstein war tauglich, und es gefiel ihm sogar beim Militär. Die Pferde, der Kraftsport beim Drill, eine eher untypische Alltagsbeschäftigung für einen jungen, unverheirateten Juden, einen Bocher, fingen an, ihm Freude zu machen. Zur Überraschung des ganzen Schtetls verlängerte er sogar freiwillig seinen Dienst um ein weiteres Jahr. Markus war nicht nur der Größte und Kräftigste in der Familie, sondern auch im Vergleich zur nicht-jüdischen Dorfbevölkerung eine stattliche Erscheinung. Also hieß er »der Lange«.

Sein Bruder Pinkas war das schwarze Schaf der Familie. Er wollte aus der Starre der religiösen Traditionen ausbrechen, ging mit nicht-jüdischen Mädchen aus, feierte öfter, als er betete, und war selbstbewusst genug, um vor Ausbruch des Zweiten Weltkriegs mit gefälschten christlichen Papieren zur polnischen Armee zu gehen und einen Nicht-Juden zu spielen.

Der dritte Bruder, Max, war in seiner Jugend ein talentierter Fußballer und stand im Tor einer Regionalmannschaft. Er war der Begabteste der Familie, schrieb Gedichte und war hochmusikalisch. Zunächst ging er nach Wien, um Medizin zu studieren, wurde später aber ein beliebter Kantor in Warschau.

Karol, der jüngste der Engelstein-Brüder, sollte mit seinem Bruder Markus noch mehr gemeinsam haben, als sie sich in ihren schlimmsten Albträumen ausdenken hätten können.

Bis zu Hitlers Machtübernahme führte die Familie Engelstein ein fast normales jüdisches Leben. Markus, seine drei Schwestern und drei Brüder gingen Seite an Seite mit den

Kindern polnischer und huzulisch-ukrainischer Nachbarn in die Dorfschule, die Buben gleichzeitig in die religiöse Schule, den Cheder, und danach kam das Militär für die Buben und der Heiratsvermittler, der Schadchen, für die Mädchen.

Zwei der Töchter wurden schon in den 1920er-Jahren nach Amerika geschickt, um ihre Chancen zu verbessern, eine gute Partie zu machen und ein besseres Leben zu finden. Die dritte Tochter wurde von den Nazis ermordet.

Markus sollte später – ein gefühltes ganzes Leben später – mein Vater werden.

Die achtköpfige Familie Kister kam ursprünglich aus Tarnopol in Ostgalizien. Sie ging wie viele Juden Ende des 19. Jahrhunderts auf der Suche nach einem besseren Leben nach Budapest und begann – mit nichts – von vorne. Die Mutter und die fünf Töchter schufen eine Existenzgrundlage für die Familie und waren über viele Jahre hinweg als Marktfahrerinnen in ganz Ungarn unterwegs, während das Familienoberhaupt und der einzige Sohn der Schtetl-Tradition verbunden blieben und sich in das Studium der Torah vertieften.

Eine der fünf Kister-Töchter, Ernestine, heiratete später Salomon Schmuel Schwarzthal. Ihr erstes Kind, Rose, kam am 20. Juli 1912 in Budapest zur Welt, einige Jahre danach ihr Bruder Marzi.

Rose sollte später meine Mutter werden. Sie und ihr Bruder wuchsen in Budapest in einer behüteten bürgerlichen Welt auf. Ihre Mutter Ernestine hielt die raue Marktfahrerwelt, die sie selbst als Kind kennengelernt hatte und mit der sie auch ihre eigene Familie ernährte, bewusst von ihren Kindern fern. Sie sollten es besser haben, sollten eine ganz andere Welt erleben.

Sie schickte sie auf die Handelsschule und zum Klavierunterricht, sie waren Mitglieder im Ruderclub, im Tennisclub, Ernestine verschaffte ihnen ein deutschsprachiges Kindermädchen, ganz so, wie es in besseren Kreisen üblich war.

Roses Vater Schmuel blieb vor allem als leidenschaftlicher Kartenspieler, Kettenraucher und geheimnisvoller Geschäftemacher präsent. Keiner durchschaute seine Tätigkeiten allzu genau, jedenfalls trugen sie wenig zum Lebensunterhalt der Familie bei, der im Wesentlichen von Ernestine verdient wurde, indem sie weiter als Marktfahrerin arbeitete. Sie lebte wie in einer zweiten, pragmatischen Welt, die das bürgerliche Leben für ihre Kinder auch ermöglichte.

Aus Rose und ihrem Bruder wurden so erfolgreich Vertreter der jüdischen Budapester Bildungsschicht, die nur eine sehr vage Vorstellung davon hatten, dass es auch andere Lebensbedingungen gab. Rose wuchs zu einer selbstbewussten, starken jungen Frau heran, heiratete 1934 standesgemäß den Prokuristen einer Maschinenfabrik, Joseph Jàvor, und brachte zwei Jahre später ihre Tochter Eva zur Welt.

Mit Schwung und unbeirrbarer Energie eröffnete sie dann auch ein Kurzwarengeschäft und packte das Leben mit beiden Händen an. Die Welt der kleinen Familie war im Lot. Rose und ihr Mann Joseph waren erfolgreich. Sie bereisten Europa und zogen ihre Tochter in einer Variante jüdischer Traditionen groß, die mit der Religiosität ihrer Vorgängergenerationen nicht mehr viel gemeinsam hatte. Sie waren in vielen Bereichen assimiliert und verstanden sich in erster Linie als Teil der Budapester jüdischen Gesellschaft und weniger als religiösorthodoxe Juden. Sie hielten zwar die Traditionen hoch, aber mit Religion im engeren Sinn hatte das nicht mehr viel zu tun.

So ging es vielen Juden, deren Eltern noch mit einem Fuß im Schtetl standen und mit dem anderen schon in ein Leben danach getreten waren. Die jüdische Schtetl-Identität mischte sich mit den Insignien des Erfolgs und Wohlstands des Ortes, an den es die Menschen verschlagen hatte. Sie tat zwar weh, diese Sehnsucht im Herzen, andererseits war da die Möglichkeit des Weiterkommens weit weg vom Schtetl. So entstand mitunter gerade aus diesem Zwiespalt die unfreiwillige Komik derer, die einmal etwas anderes gewesen waren, als sie werden wollten und geworden waren:

- Die Wiener Philharmoniker waren immer schon viel unterwegs, und gleichzeitig bei jeder Vorstellung in Wien in der Staatsoper zu hören. Das liegt daran, dass es genügend Zweit-, wenn nicht Drittbesetzungen gibt, sodass sich das berühmte Orchester jederzeit bei Bedarf ausreichend klonen kann, um seinen vielen sonstigen Verpflichtungen nachzukommen. Dazu gehörte eines lauen Maiabends auch das große Gartenfest der Frau Neményi in Budapest. Es war eine Mottoparty zum Thema Wien, und dafür hatte sie fünf echte Wiener Philharmoniker gebucht, um ihre Gäste musikalisch mit Original Wiener Heurigenmusik zu beeindrucken. Alles war perfekt, das Buffet, die Tischdekoration, die originellen Lampions, die von den Bäumen hingen, und auch das Personal war handverlesen. Die ersten elegant gekleideten Gäste waren schon da, aber die Musiker noch immer nicht. Frau Neményi wurde langsam nervös und rief die Agentur an, von der sie üblicherweise ihre Philharmoniker bezog. Dort entschuldigte man sich ausführlich, erklärte, dass es eine Überbuchung gegeben, man aber bereits Ersatz gefunden hätte und die fünf Musiker schon auf dem Weg und jeden Moment da wären. Kaum hatte Frau Neményi den Hörer aufgelegt, läutete es auch schon. »Ah, da sind sie ja endlich!« Vor ihr standen tatsächlich fünf Musiker mit ihren Instrumenten – mit langen Bärten, Pajes und allem anderen optischen Zubehör orthodoxer Juden. Klezmer-Musiker.

Frau Neményi schreckte zurück und schnappte nach Luft. »Wer um Gottes Willen sind denn Sie?« Der Klarinettist lächelte freundlich und sagte beruhigend: »Mir sennen die Schrammeln!«

Egal, wohin es die Ostjuden auf dem Weg in ein besseres Leben verschlug, das ihnen im Schtetl nicht möglich gewesen wäre, mit einem Fuß blieben sie noch lange dort verhaftet:

- Selig, dem Sohn vom alten Faiwisch, war das Schtetl immer schon ein bisschen zu eng gewesen. Kaum war er alt genug, machte er sich auf den Weg in die weite Welt. Faiwisch ließ ihn traurig ziehen. Was hatte er im Schtetl denn schon für Möglichkeiten, etwas aus sich zu machen? Im Lauf der Jahre landete Selig in London, nannte sich um auf Peter Green und schaffte es, sich ein kleines Geschäft aufzubauen, das immer größer wurde. Die Zeit verging, Selig wurde immer erfolgreicher, und eines Tages war die Zeit gekommen, seinem Vater zu zeigen, was aus ihm geworden war, und er ließ den Alten einfliegen. Faiwisch kam in London an, und es war ihm auf den ersten Blick anzusehen: Der war nicht von hier. Selig, der sich nun als Mr. Green in britischen Kreisen tummelte, war das unangenehm. Also packte er seinen alten Vater zusammen und verschaffte ihm ein komplett neues Aussehen. Der Bart fiel als Erstes, die Pajes folgten, die abgetragenen Schtetl-Schmatten tauschte der beste Schneider Londons in einen Anzug aus feinstem Tuch, er bekam maßgeschneiderte Hemden mit Monogramm, eine Melone, wie sie nur die Feinsten der Feinen trugen, und Schuhe aus bestem Leder. Faiwisch sah aus wie ein Lord. Solange er den Mund nicht aufmachte und auch nicht mit den Händen kommunizierte, ging er jederzeit für einen echten englischen Gentleman durch.

Als Faiwisch sich zum ersten Mal als Sir, der er geworden war, im Spiegel sah, begann er bitterlich zu weinen. Selig erschrak, fühlte sich ein bisschen schuldig, dass er seinen alten Vater so völlig seiner Identität beraubt hatte, und fragte ihn leise: »Weinst du, weil du deinen Bart verloren hast?« – »Aber nein«, schluchzte Faiwisch, »ich weine um unsere verlorenen Kolonien!«

Wie unterscheiden sich Engländer und Juden?
Engländer gehen, ohne sich zu verabschieden, und Juden verabschieden sich, ohne zu gehen.

In diesem Leben zwischen den Welten, zerrissen zwischen dem Schtetl und der weiteren Welt, die für Hoffnung auf ein besseres Leben stand, gelang das Bemühen, dort auch anzukommen, nicht immer zu hundert Prozent:

- Jakob Herzberg saß wie jeden Tag im Kaffeehaus und las die Zeitungen. Es ging die Tür auf, und Feiwel Tennenboim kam herein. »Feiwel!«, rief Jakob aus, »dich habe ich ja ewig nicht gesehen, seit Monaten! Wo warst du die ganze Zeit?«

Feiwel setzte sich dazu, bestellte seinen kleinen Mokka und erzählte stolz. »Ich bin gereist. Wie Jules Vernes. In achtzig Tagen um die Welt.« – »Oh? Wo warst du denn?« – »Also zuerst war ich in Amerika, auf den Spuren von Einstein.« Jakob ungläubig: »Wie hast du dich denn dort verständigt?« Feiwel stolz und souverän, ganz der Weltreisende: »Ech mit maan Taatsch?« Er meinte damit, dass er mit seinem hervorragenden Deutsch überall durchkäme.

Jakob verstand. Er war ja genauso aufgewachsen. Erst hatte man ihn angehalten, die fünf Bücher Mose zu lesen, dann hatte ihm der Melammed, sein Lehrer, beigebracht, das Gelesene sofort zu taatschen, also in die Sprache zu übersetzen, die sie für das wahre Deutsch hielten, auch wenn es tatsächlich das vom Mittelhochdeutschen stammende Jiddisch war. »Ah! Und wo warst du dann?«

»Nu, dann war ich natürlich in Frankreich.« – »Auf den Spuren der Rothschilds?« – »Du sagst es. Ein Erlebnis!« – »Und dort hattest du auch keine Verständigungsschwierigkeiten?« – »Aber nein. Was denkst du denn. Ech mit maan Taatsch.«

Jakob hinterfragte das nicht weiter und hätte auch keine Gelegenheit dazu gehabt, denn Feiwel, ganz Kosmopolit, ließ sich nicht unterbrechen. »Nu und dann war ich in England, in Indien, in Shanghai und in Russland.« Und bevor Jakob auch nur einatmen konnte, fuhr Feiwel gleich überlegen lächelnd fort: »Nein, Jakob, frag mich gar nicht erst, ich konnte mich auch dort mühelos verständigen.« Jakob nickte ergeben und versuchte, gar nicht erst Zweifel zu signalisieren: »Ja, ja, alles klar, du mit dajn Taatsch. Und wo warst du noch?«

»Zum Schluss war ich in Deutschland auf den Spuren von Raschi, dem berühmtesten deutschen Torah-Kommentator.« – »Und dort hattest du erst recht keine Verständigungsschwierigkeiten!« Feiwel seufzte. »Im Gegenteil. Dort bin ech geween takke ojf Zores. Dort hatte ich echte Probleme!«

Bei allem Blick nach vorn, bei aller Offenheit für einen Aufbruch in neue Zeiten und neue Länder haben Juden ein gutes Gedächtnis. Bis heute haben wir nicht vergessen, dermannen wir uns, was Eva ihrem Adam angetan hat. Alljährlich müssen wir acht Tage lang ungesäuerte und somit unverdauliche Mazzes essen, nur weil wir nicht vergessen können, dass wir es vor über zweitausend Jahren eilig gehabt haben, Ägypten zu verlassen, um das Rote Meer zu teilen. Und wir werden es den Griechen nie verzeihen, dass sie unseren Tempel entweiht haben, auch dessen gedenken wir jedes Jahr pinkt, noch dazu genau zur Weihnachtszeit. Wir merken uns alles. Davon konnte der alte Dr. Kandinsky aus Warochta ein Lied singen:

■ Kandinsky hatte das Schtetl vor langer Zeit verlassen, war in die Welt gezogen, hatte studiert und war ein berühmter Arzt in Warschau geworden. Ganz Warochta war stolz auf ihn. Einer von ihnen, den sie noch als Jeschiwebocher, als Talmud-Student, durchgefüttert hatten, war jetzt weltberühmt!

Als Dr. Kandinsky dann nach vielen Jahren zurück ins Schtetl kam, um seine Familie und seine Freunde zu besuchen, war ganz Warochta in heller Aufregung. Der Gemeindesaal war neu ausgemalt, geputzt und geschmückt worden, damit er seine neuesten medizinischen Erkenntnisse in einfachen Worten ganz exklusiv den staunenden Bewohnern von Warochta nahebringen konnte. Der Applaus brandete ihm entgegen, als er auf das Podium stieg. Minutenlang. Gerührt bedankte sich der Heimkehrer, und als der Applaus langsam abebbte, zog er sein Manuskript hervor und begann mit seinem Vortrag.

Doch oj! Plötzlich fegte ein Windstoß durch die geöffneten Fenster des Saals, vor denen die weniger Privilegierten, die keine Sitzplätze mehr bekommen hatten, Kandinskys Worten lauschen wollten. Die Blätter segelten zu Boden, und Kandinsky bückte sich, um sie aufzuheben. War es der Scholet vom Vortag, waren es die Aufregung oder einfach die Strapaze der Reise, man weiß es nicht. Jedenfalls entwischte Dr. Kandinsky ein sehr lautes, unüberhörbares – doch bitte völlig natürliches! – Körpergeräusch.

Man konnte eine Stecknadel fallen hören. Die Menge war dankbar, dass die Fenster, alle Fenster, ganz weit geöffnet waren. Kandinsky versank vor Scham fast in den Erdboden. Seine Rede fiel deutlich kürzer aus, als ursprünglich geplant. Während er sprach, schaute er kein einziges Mal ins Publikum und verschwand dann sofort durch den Hintereingang.

Viele Jahre später erkrankte sein Vater schwer, und Kandinsky sah es als unumgänglich an, wieder nach

Warochta zu reisen. Diesmal plante er aber, wie er hoffte, unerkannt in einem kleinen Gasthof im Nachbarort Jeremtscha zu übernachten. Bei seiner Ankunft kam er zunächst einmal mit dem Wirt ins freundliche Gespräch, der ihn danach fragte, wer er denn sei und was er hier in dieser Gegend zu tun hätte. »Mein Vater ist krank«, erklärte Kandinsky, »und ich besuche ihn.« – »Und warum wohnst du dann hier und nicht bei deiner Familie?«, wunderte sich der Wirt. Kandinsky schluckte verlegen und gab dann zu, dass er vor vielen Jahren in Warochta eine peinliche Situation erlebt hätte und er es daher vorziehen würde, inkognito zu bleiben. Der Wirt beruhigte ihn: »Was immer damals passiert ist, die Leute haben das sicher schon längst vergessen und auch nicht so ernst genommen wie Sie! Machen Sie sich keine Sorgen!« Kandinsky wurde nachdenklich und musste, rein logisch betrachtet, dem Wirt recht geben. »Wann hat sich das überhaupt abgespielt, vor wie vielen Jahren?«, fragte der Wirt. – »Ich weiß es nicht mehr genau«, meinte Kandinsky, »aber zehn, fünfzehn Jahre wird es schon her sein.« Der Wirt nickte kurz verständnisvoll mit dem Kopf und fragte nach: »War das vor dem Kandinsky-Furz oder nachher?«

Der Weg vom Schtetl in die Städte – und retour – verlief also nicht immer ganz perfekt. Das wäre ja noch kein Problem. Aber die ewige Zerrissenheit als definierender Seelenzustand fühlte sich oft durchaus schmerzhaft an. Die Sehnsucht nach der sicheren Zweifelsfreiheit von Dazugehören oder nicht, dessen, was schwarz und was weiß war, blieb. Gleichzeitig zerrte das Streben nach Neuem an den Menschen. Letztlich gewann die Erleichterung darüber, Pogromen und Perspektivenlosigkeit entkommen zu sein, die Oberhand. Zumindest was die grundlegenden Umstände anging, waren die Schtetl-Juden zunächst in einem besseren Leben angekommen. Das würde sich nur allzu schnell wieder ändern.

Mit einem Schlag ist alles anders

Für die junge Rose, die in der jüdischen Budapester Bildungsschicht angekommen war, schien es kaum vorstellbar, dass es auch andere Lebensbedingungen geben konnte. Doch als die Pfeilkreuzler, die ungarische Spielart der Nazis, die Macht ergriffen, wurde alles anders. Roses Mann Joseph und ihr Bruder Marzi wurden in ein Arbeitslager verschleppt, das Joseph nicht überlebte. Er starb dort an Entkräftung. Der athletische Hüne Marzi wurde gegen Kriegsende auf dem Todesmarsch im Burgenland von den Nazis erschossen, als er sich, völlig erschöpft, weigerte weiterzugehen.

Rose und ihre neunjährige Tochter Eva schlugen sich in Budapest noch eine Zeit lang durch, bevor sie verschleppt und mit etwa dreißig anderen Juden in eine überfüllte Wohnung im Budapester Ghetto gepfercht wurden. Dort hatten sie unter einem Esstisch ihren Schlafplatz und lebten in ständiger Angst, nach Auschwitz deportiert zu werden.

Als der Krieg endete, hatte Rose ihren Mann, ihren Bruder und die meisten anderen Mitglieder ihrer Familie bis auf ihre Mutter und drei ihrer Tanten an die Mörder des Naziregimes verloren.

Unter dajne wajße Stern,
streck zu mir dajn wajße
Hand, majne Werter sennen
Trern, weln ruhen in dajn
Hand. Sej, es dunkelt sejer fin-
kel, in majn kellerdikn Blick,
un ech hob gur nischt kajn
Winkl sej zu schenkn
dir zurick. Un ech will doch
Gott, majn trajer, dir vertro-
jen majn Farmeg, weil es
muhnt in mir a Fajer, un in
Fajer majne Teg. Nor in Kel-
lern un in Lecher wejnt die
merderische Ruh. Lojf ech
hecher iber Decher un ech such,
wu bis du, wu?

Unter deinen weißen
Sternen, reich mir deine
weiße Hand, meine Worte
sind nur Tränen, wollen
ruhen in deiner Hand.
Dunkel ist's in diesem Keller,
dir zurückzugeben hab' ich
gar nichts mehr. Und würd'
ich doch, mein treuer Gott,
dir mein Vermögen geben
wollen, denn wie ein Feuer
lodert es in mir. Nur in Kel-
lern und in Löchern find' ich
vor den Mördern noch die
Ruh'. Lauf' ich höher, über
Dächer, such' ich dich, wo,
ach wo, bist du?

*(Text Abraham Sutzkever, Musik Avreml Brodna,
deutsche Übersetzung vom Autor)*

In Warochta, ganz in der Nähe von Jablonica, begannen die Deutschen 1942 mithilfe der Einheimischen, die ansässigen und die aus Ungarn dorthin deportierten Juden zu erschießen. Fast die ganze Familie Engelstein wurde ermordet. Auch Markus' Frau, die er noch im Schtetl geheiratet hatte, wurde in Polen von österreichisch angeführten Nazis umgebracht. Pinkas Engelstein, der mit gefälschten Papieren zur polnischen Armee gegangen war, wurde verraten und von der SS erschossen, nachdem er gezwungen worden war, sein eigenes Grab auszuheben. Auch Max Engelstein wurde mit seiner gesamten

Familie ermordet. Nur die beiden Brüder Markus und Karol waren, ausgerechnet von einem der als besonders primitiv geltenden Huzulen in Warochta, gewarnt worden: »Geht nicht in euer Haus. Sie erschießen Juden.«

S' brent! Briderlech, s'brent!	*Es brennt, Brüder, ach, es*
Oj, unser orem Schtetl	*brennt! Ach, unser armes*
nebbich brent! …	*Schtetl, alles brennt! …*
Und ir schtejt un kukt asoj	*Und ihr steht nur da und*
sich mit farlejgte Hent,	*schaut mit verschränkte Händ'.*
Un ir schtejt un kukt asoj	*Und ihr steht nur da und*
sich – unser Schtetl brent!	*schaut – unser Schtetl brennt!*

(Text und Musik Mordechai Gebirtig, deutsche Übersetzung vom Autor)

Die beiden Brüder flohen daraufhin mit falschen Papieren über Rumänien und landeten in einem Arbeitslager in Ungarn. Eine einflussreiche polnische Adelige, die sich für ihre Landsleute im ungarischen Arbeitslager einsetzte, erwirkte ihre Freilassung. Markus und Karol kamen zu dem Schluss, dass sie so weit wie möglich östlich, den russischen Truppen entgegen, am sichersten wären. Sie hofften, unter den Russen bessere Überlebensbedingungen vorzufinden.

Nach Jablonica, wo ihre ganze Familie ausgerottet worden war, wollten sie nicht zurück. Aber genau dort landeten sie nach einem unglaublich langen und gefährlichen Fußmarsch letztlich doch wieder. In Jablonica kannten sie sich wenigstens aus und würden es leichter haben, ein Versteck zu finden.

Sie hatten sich allerdings zeitlich verkalkuliert, denn als sie im Ort ankamen, waren die Russen noch nicht dort, und sie saßen abermals in der Falle. Obwohl es riskant war, bat Markus eine der Dorfbewohnerinnen um Hilfe. Sie und ihr Mann beauftragten ihre Pflegetochter, zwischen einem Apfel- und einem Birnbaum ein Erdloch zu graben, in dem sich die Brüder verstecken konnten. Nachts brachte man ihnen Essen und Wasser. Die Angst davor, erwischt und von der Gestapo dafür erschossen zu werden, war groß, wurde aber von diesen einfachen Menschen heldenhaft besiegt.

Zu Kriegsende nach einem halben Jahr im Erdloch hatten Markus und Karol lange Bärte wie Rabbiner – oder Popen, und Popen waren den Russen zu diesem Zeitpunkt ebenfalls suspekt. Dass sie Juden waren, mussten sie nun nicht verbergen, sondern beweisen. Um den russisch-jüdischen Offizier zu überzeugen, der in diesem Moment ihr Schicksal in der Hand hatte, begannen die Brüder, laut auf Hebräisch zu beten.

Es half, und nachdem zu diesem Zeitpunkt, 1944, nicht allzu viele glaubwürdige Nicht-Nazis in der Gegend zu finden waren, machten die Russen Markus Engelstein im mittlerweile »judenreinen« Jablonica zum Bürgermeister und beauftragten ihn, von Haus zu Haus zu gehen und ihnen die Mörder auszuliefern.

Nach dem Krieg – und wieder von vorn

In Budapest allein mit ihrer kleinen Tochter Eva, begann Rose ihr neues Leben und erkämpfte sich wieder eine Existenz und ihre Würde. Ihre Kraft hatte sie nie verloren. Sie baute wieder ein Kurzwarengeschäft auf und richtete den Blick nach vorne.

Eva vermisste ihren Vater. Wie viele Überlebende der Schoah hatte sie Demütigungen erlebt, die sie nie wieder abschütteln konnte. Für das Trauma ihrer Tochter hatte Rose aber ebenso wenig Zeit wie für ihr eigenes. Sie richtete all ihre Kraft auf eine neue Existenz aus. Sie kümmerte sich um das Geschäft, sorgte dafür, dass Eva in die Schule ging, schlug sich durch und kämpfte sich wieder nach oben. Eva war still, traurig, verschlossen, aber wie ihre Mutter funktionierte sie einfach weiter. Es war keine Zeit, um über Lebensqualität nachzudenken, um zuzulassen und auszusprechen, was man fühlte. Rose packte an.

Die Ära von Markus Engelstein als Bürgermeister von Jablonica endete, nachdem er auf die Abschussliste der UPA, der Ukrainischen Aufstandsarmee, geraten war. Es wurde ihm bewusst, dass er hier allein unter Feinden, wo er nicht einmal mehr die Gräber der Seinen finden konnte, kein Leben hatte. Seine Heimat war »judenrein« geworden. Abermals von Bauern, diesmal in einem Heuwagen, versteckt, floh er nun vor den Sowjets, die ihren nützlichen Vertrauensmann nicht ziehen lassen wollten, wieder nach Ungarn. Er ließ ein Grundstück in Jablonica, sogar einen ganzen Berg, Wald- und Grundbesitz zurück, denn diesmal würde Markus nie mehr heimkommen.

In Ungarn begann er wieder von vorne. Import-Export war die Branche der Stunde. Markus machte Geschäfte, so, wie das dem Bedarf nach dem Krieg in Ungarn entsprach, eine Gratwanderung zwischen kriminellem Schwarzmarkt und kapitalistischem Wiederaufbau einer zusammengebrochenen Wirtschaft, die in unausgesprochenem Einverständnis zwischen Ostjuden und russischen Soldaten stattfand. Niemand hatte zu diesem Zeitpunkt das Gefühl, dass es sich hier um etwas

Unrechtes handeln könnte, alle suchten Wege, sich zu ernähren und wieder neu anzufangen. Auf abenteuerliche Weise verschaffte sich Markus Engelstein von einem jüdischen Offizier
der russischen Besatzungsmacht eine Uniform und einen Last-
wagen und transportierte von Rumänien nach Budapest und
retour, was immer gebraucht wurde und zu bekommen war:
Fensterscheiben, Zigaretten, Lebensmittel. Das Geschäft flo-
rierte.

In der Laudon Utca in der Budapester Innenstadt gab es dieses
Kurzwarengeschäft, das von einer schönen und ganz offensichtlich tüchtigen jungen Frau geführt wurde. Sie hatte dort
sogar ein Telefon. Markus fiel durchaus auf, dass seine drahtige
Statur in der schicken Uniform die Wirkung auf sie nicht ver-
fehlte. Es war nicht zu übersehen, die Augen der jungen Frau
blitzten, wenn er vorbeiging. Ein Jude in Uniform, egal in welcher, das gefiel ihr. Welche Umkehr von Macht nach den Jahren der Demütigung. Mit selbstbewusster Großzügigkeit ließ
sie ihn sogar – »Aber gern, warum nicht?« – ihr Telefon benüt-
zen. Um diese Gefälligkeit bat er sie dann auch immer öfter,
denn er war auf dem besten Weg, sich unsterblich in sie zu
verlieben.

Rose verstand zwar weder sein Polnisch noch Russisch, aber
sie merkte, dieser Engelstein war schnell im Kopf. Er wusste
ganz offensichtlich, was er tat, und er packte an genau wie sie.
Und Markus wusste, dass sie es merkte. Zuerst verständigten
sie sich noch auf Jiddisch, aber schon bald auf Ungarisch, in
Roses Sprache, die Markus rascher als ein Schwamm aufsog.

1946 machte Markus Engelstein Rose Jàvor zu seiner zweiten Frau. Es war ihm klar, dass ihre Freunde abfällig darüber

tuschelten: »Du nimmst dir einen Polischi, einen Polen?«
Ungarische Juden sahen auf russische und polnische Juden
herab, sie galten als Unterschicht, als primitiv, als unkultiviert,
als zu religiös, als nicht in der Moderne angekommen. Aber
seine Rosi – »Roschi« auf Ungarisch ausgesprochen – ließ sich
davon nicht irritieren. Sie lächelte und brachte spitz mit einem
Wort alle zum Schweigen. »Igen!« Gerade noch ein mitleidiges
»Macht ja nichts« brachten die Zweifler hervor, das Rose nicht
im Mindesten beeindruckte, und gut war's.

Markus sah sich nicht als Retter der alleinstehenden Frau
mit Kind. Dazu war Rose zu stark, zu selbstbewusst, zu stabil
auf ihren eigenen Beinen. Im Gegenteil, er sah ihre Verbindung als seine eigene Rettung. Er hatte mit einem Schlag nicht
nur eine lebenstüchtige und auch noch hübsche Frau, sondern
eine neue Familie bekommen. Danach hatte er sich gesehnt,
nach einem Neuanfang, nach der Chance, das Schtetl, seine
ermordete erste Frau, seine ermordete Familie, seine Flucht
hinter sich zu lassen und einen Weg in ein neues Leben zu finden.

Ein Jahr später kam ihr gemeinsames Kind, Ervin Engelstein – also ich – auf die Welt.

Der eigentliche Plan

In bewegten Zeiten läuft alles anders, als vorgesehen. Aber
grundsätzlich folgt die jüdische Lebensart zu allen Zeiten einem
Plan, wie man sich findet, eine Familie gründet, Kinder aufzieht,
sie ins Leben schickt und den Lebenszyklus beendet. Diese tief
verwurzelte Tradition war der Generation meiner Eltern nicht

verloren gegangen. Sie konnte sie so nicht leben, hat sie aber auf kreative Weise in ihre schicksalsgebeutelte neue Existenz mitgenommen und weitergegeben.

Wie in anderen Kulturen markieren auch im Judentum bestimmte Meilensteine den Lebenszyklus. Geburt und Beschneidung, Übergang ins Erwachsenenalter, Heirat, Familiengründung, Tod und Begräbnis.

Ein Jude wird geboren

Bei der Geburt fangen die Schwierigkeiten schon an. Wer ist ein Jude? Nach der Halacha, dem rechtlichen Teil jüdischer Überlieferung, ist ein Kind, das eine jüdische Mutter geboren hat, jüdisch. Der Vater zählt von allem Anfang an relativ wenig, und das bleibt auch so. Wer die Mutter ist, lässt sich nicht simulieren. Beim Vater kann man es nie so genau wissen.

- Der alte Braunstein heiratet in sehr späten Jahren eine junge hübsche Frau. Kaum ein Jahr später ist sie schwanger. Das ganze Schtetl spricht darüber. »Was meinst du? Ist das sein Kind?« Die Theorien zu dieser Frage überschlagen sich an Vielfalt. Rabbi Rosenberg bringt es schließlich auf den Punkt: »Wenn es von ihm ist, dann ist es ein Wunder! Und wenn es nicht von ihm ist – ist es ein Wunder?«

Die zweite Möglichkeit, Jude zu sein, ist schon aufwendiger. Konvertieren ist zwar möglich, aber ein mit Hürden gepflasterter Weg. Das Judentum ist keine missionierende Religion, das ist sogar verboten. Ergo bringen wir auch niemanden um, der nicht an unseren Gott glaubt. Das hat nichts damit zu tun, dass Juden arrogant darauf beharren, das auserwählte Volk zu sein, und es möglichst elitär halten wollten, sondern damit, dass jedem Interessenten die volle Tragweite eines Übertritts ins Judentum bewusst sein sollte. Rabbiner lassen daher Konvertiten mindestens dreimal und manche sogar bis zu siebenmal vergeblich den Antrag zur Aufnahme ins Judentum stellen, bevor sie überhaupt in Betracht ziehen, ihn ernst zu nehmen.

Ich würde im Übrigen jedem davon abraten, zum Judentum überzutreten, weil es ist schwer, zu sein a Jid. Es ist schon alleine deshalb nicht zu empfehlen, sich darum zu reißen, weil Nicht-Juden es leichter haben, ins Paradies zu kommen – falls sie dran glauben. Ein Nicht-Jude muss nämlich laut der Halacha wesentlich weniger Regeln und Gesetze einhalten.

Wird man als Jude geboren, gehen die Spielregeln im Lebenszyklus so:

Beschneidung – Brith Milah

Etwas mulmig wird vor allem männlichen Konvertiten unter Umständen beim Gedanken an den Brauch der Beschneidung im Judentum. Im religiösen Verständnis besiegelt die Beschneidung den Bund mit Gott und gilt als zentral in der Identität eines jüdischen Mannes. Ein wahrlich einschneidender Brauch. Normalerweise wird das am achten Lebenstag eines neu geborenen jüdischen Buben gemacht. In dem Alter weiß man noch nicht, wie einem geschieht, und es ist erledigt, bevor man sich fürchten kann.

Den einschlägigen Profi, der diese heikle Operation durchführen darf, nennt man Mohel, der aus gutem Grunde eine gründliche Ausbildung durchläuft, bevor man ihn an das beste Stück eines neu geborenen Sohnes heranlässt. Ist er einmal so weit, genießt der Mohel auch höchsten Respekt.

- Ein Jude reist in eine andere Stadt und besucht dort das jüdische Viertel. Er geht an der Synagoge vorbei, beim jüdischen Bäcker, beim koscheren Metzger, zwei koscheren Restaurants und stutzt plötzlich vor einer Auslage, in der eine Kuckucksuhr hängt. Etwas irritiert fühlt er sich aus der bislang so heimelig jüdischen Stimmung herausgerissen und fragt den Besitzer des Geschäftes: »Sind Sie Uhrmacher?« – »Nein, ich bin ein Mohel.« Der Reisende ist verblüfft. »Warum hängen Sie dann eine Kuckucksuhr in Ihr Schaufenster?« Der Mohel verdreht ungeduldig die Augen: »Was soll ich denn sonst heraushängen?!«

Erwachsen werden – Bar Mitzwa

Was die Firmung bei Katholiken ist, ist die Bar Mitzwa für junge Juden, wenn sie dreizehn werden. In moderneren Zeiten wurde dann auch das Äquivalent für zwölfjährige Mädchen üblich, die Bat Mitzwa. Aber schon seit vielen Jahrhunderten vergisst ein jüdischer Mann seine Bar Mitzwa nicht, selbst wenn er, wie es sich gehört, 120 Jahre alt wird. Er muss sich ein ganzes Jahr lang darauf vorbereiten, einen ziemlich langen hebräischen Text lernen und ihn dann vor der ganzen Gemeinde nach einer uralten Melodie vortragen. Jede Note entspricht einem Wort, dadurch entsteht die Melodie. Welcher Abschnitt der Torah das sein wird, entscheidet sich durch das Geburtsdatum.

Nach dem nervenzerfetzenden Auftritt in der Synagoge, den ein junger Jude auf dem Weg ins Erwachsenenalter zu absolvieren hat, folgt am Abend ein rauschendes Fest. Dort muss das Jingele allerdings noch einmal auftreten und – frei sprechend – eine Rede halten. Die hat natürlich auch möglichst komplexe religiöse Elemente zu thematisieren. Je weniger man sich als Zuhörer dabei auskennt, desto größer fällt der Applaus für den nun erwachsenen Juden aus.

Auch für die Eltern ist eine Bar oder Bat Mitzwa inzwischen zu einer Herausforderung geworden, bei der es um nichts Geringeres als das Prestige der ganzen Familie geht. Jede Bar oder Bat Mitzwa übertrifft die vorhergehende an Aufwand. Man will sich ja nichts nachsagen lassen und vor der ganzen Gemeinde auf unvergessliche Weise glänzen:

- Trifft der Grün den Blau. »Warst du nicht auf der Bar Mitzwa von dem jungen Levy? Ich hab' gehört, die Location für die Feier war wirklich etwas ganz Besonderes, angeblich am Mond!« – »Ja, stimmt.« – »Und?« – »Was soll ich sagen. Das Essen war hervorragend. Koscheres Essen vom Ritz in Paris, eine Musikkapelle, zwanzig Mann hoch. Die besten Künstler sind aufgetreten. Alles, was Rang und Namen hat, war da.« – »Aha. Und wie war die Stimmung?« – »Was soll ich dir sagen? Keine Atmosphäre.«

Und das ist von der Wirklichkeit der konkurrierenden Eltern nicht allzu weit entfernt, auch wenn sich nicht alle so aufführen:

Als der Sohn eines Bekannten, eines besonders reichen Juden, langsam auf seine Bar Mitzwa zusteuerte, fragte ich ihn provokant, aber durchaus ehrlich interessiert: »Auf der Bar Mitzwa von deinem David lastet ja ein besonderer Druck. Du musst ja etwas Besonderes, am besten etwas noch nie Dagewesenes machen. Wie wirst du das anstellen?« Er zuckte entspannt mit den Schultern: »Darüber habe ich schon nachgedacht. Ich werde eine Trompete mehr engagieren.«

Ich selbst hatte meine Bar Mitzwa 1960 und wurde wie alle anderen auch ein ganzes Jahr lang darauf vorbereitet. Meine Familie hatte zu dem Zeitpunkt noch nicht viel Geld. Die Feier fand in einem koscheren Restaurant statt, ohne Musik und sonstigen Pomp, und die Geschenke waren hauptsächlich religiöse Bücher, die mich schon damals nicht wirklich interessiert haben. Deshalb erinnere ich mich bis heute nur an das eine Geschenk, das mir diesen Anlass wirklich unvergesslich und mich nebenbei auch noch in der Schule zum Star machte: richtige Fußballschuhe!

Heiraten – Chassene

Im passenden Alter wurde man zu Schtetl-Zeiten für den Schadchen, den Heiratsvermittler, interessant. Der Schadchen war ein wichtiger Mann, um dessen Mühen und Wirken sich schon viele Geschichten rankten, lange bevor die Zunft zu den Musicals »Anatevka« und »Hello, Dolly« oder zu Internetplattformen mutierte. So wichtig war er, dass Schadchen auch ein besonders begehrter Beruf war. Junge Anwärter rissen sich geradezu darum, als Lehrling bei einem bekannten Schadchen aufgenommen zu werden:

- Benjumin wollte unbedingt Schadchen werden. Davon hatte er schon immer geträumt. Kaum war er alt genug, bekniete er den alteingesessenen Schadchen Jakov Schmiel, ihn als Lehrling zu nehmen. Der freute sich und brachte ihm die ersten Grundzüge des Kupplerhandwerks bei. »Also, mein Sohn, merk dir: Du musst loben, loben, loben. Und lügen, lügen, lügen. Wir gehen jetzt zu den Eltern vom Moische und reden ihm die Rebecca aus Krakau ein. Wann immer ich etwas über sie sage, wirst du noch einen draufsetzen. Das ist deine heutige Übung.«

Die beiden zogen los zu Moisches Eltern. »Oj, hab' ich ein Mädl für deinen Moische«, begann Jakov die Verhandlungen. »So was von einem anständigen Mädl ...« Benjumin fiel ihm eifrig ins Wort und steigerte das Lob, wie ihm geheißen wurde: »Was heißt ›anständig‹?! A Bsile, eine Jungfrau, ist sie, fromm und bescheiden. Und schweigsam!« Jakov ließ seinem Lehrling einen zufriedenen Seitenblick zukommen.

Die Eltern des potenziellen Bräutigams warfen gleich eine kritische Frage ein: »Wie schaut sie denn aus?« Jakov fuhr fort: »Was soll ich dir sagen? Schön ist sie, so eine Schönheit hast du noch nicht gesehen!« Benjumin beobachtete seinen Lehrmeister aufmerksam und setzte umgehend fort: »Was heißt ›schön‹?! Schöner als Ester Malke, die Königin aus der Purim-Geschichte!« Jakov lächelte noch ein bisschen mehr. Mit diesem Lehrling hatte er einen guten Griff getan, der hatte wirklich schnell verstanden, worum es in dem Geschäft ging.

Als Nächstes kam eine etwas heiklere Frage von dem potenziellen Schwiegervater: »Und aus was für einer Familie kommt sie?« Jakov schüttelte den Kopf: »Da musst du dir wirklich keine Sorgen machen. Die Familie stammt aus einem Rabbinergeschlecht und hat Jiches und daher hohes Ansehen in der ganzen Stadt!« Benjumin fiel in den Lobgesang ein wie auf Stichwort, jetzt wusste er ja schon, wie es ging: »Was heißt ›Jiches‹?! Der Vater ist ein direkter Nachkomme von Baal Schem Tov, dem berühmten Rabbiner und Gründer des Chassidismus!«

Der kritische zukünftige Schwiegervater legte weiter nach: »Und wie steht es mit dem Mesimmen, haben sie denn Geld?« Jakov war natürlich auch darauf vorbereitet. »Wir reden hier von der reichsten Familie in ganz Stanislau.« Geschmeidig wie ein alter Profi redete Benjumin gleich weiter: »Was heißt ›reich‹?! Rothschild möchte erblassen vor Neid!«

Langsam wurde das Moische und seiner Familie schon verdächtig. Das klang fast ein wenig zu gut, um wahr zu sein, also fragte schließlich Moisches Mutter, der man so leicht nichts vormachen konnte: »Und? Gar keinen Fehler hat sie?«

Jakov wusste, nun war es Zeit für die dramaturgische Wendung. »Nu, was soll ich dir sagen, nicht wirklich. Aber wenn man genau hinschaut, aber nur dann, wird man merken, dass sie ein ganz klein wenig schief steht.« Benjumin war jetzt schon so richtig in Fahrt und nicht mehr zu bremsen: »Was heißt ›schief‹?! Einen Riesenbuckel hat sie!«

Fairerweise muss gesagt werden, Benjumin war noch im ersten Lehrjahr und erlernte die Nuancen der Verstärkung erst später. Herausfordernde Fälle an den Mann oder die Frau zu bringen, konnte man ihm also wirklich noch nicht zutrauen.

- In einem Schtetl in Polen, es kann auch in Rumänien gewesen sein, fand ein anderer heiratswilliger junger Mann trotz heißen Bemühens keine Braut. Er war intelligent und kam aus einem wohlhabenden Haus, wurde aber dennoch von der Damenwelt kategorisch abgelehnt. Er hatte nämlich einen entscheidenden Fehler. Er wollte ständig im Mittelpunkt stehen und nahm es auch mit der Wahrheit nicht immer ganz genau. Man konnte zwar nicht behaupten, dass er Lügengeschichten erzählte, aber seine ständigen Übertreibungen waren einfach nervtötend. So kam es, dass er einen Schadchen engagieren musste, um sein Ziel, eine Familie zu gründen, endlich zu erreichen. Der Spezialist für hoffnungslose Fälle musste ran. Schadchen Ruven. Die beiden hatten einige Vorgespräche und schlussendlich musste der Bräutigam in spe dem Vermittler hoch und heilig versprechen, sich während des Erstgesprächs mit einer verheißungsvollen Kandidatin ordentlich und vor allem bescheiden zu verhalten.

  Doch es kam, wie es kommen musste. Nach einigen Minuten netter Unterhaltung vergaß der Unbelehrbare seine anfängliche Zurückhaltung und fing an, sein Haus zu beschreiben: »Also mein Wohnzimmer ist über hundert Meter lang und ...« Der junge Mann machte eine bedeutungsvolle Pause. Diese Unterbrechung nutzte Ruven, um seinem Kunden einen kräftigen Tritt unter dem Tisch zu verpassen. Da fiel dem wieder ein, dass er bescheiden sein sollte. Also beendete er schuldbewusst und kleinlaut den begonnenen Satz in der geplanten Bescheidenheit:»... und einen Meter breit.«

Die Königsdisziplin für einen Schadchen ist es jedoch, einen Balegule, einen Kutscher, zu vermitteln. Und das hat seine Gründe:

- In Nadwurne, einem Schtetl in den Karpaten, wohnte ein bei allen sehr beliebter und herzensguter Balegule. Ein gut aussehender Mann im besten heiratsfähigen Alter, auf den die Frauen nur so flogen, war Schloime außerdem. Doch leider: Wann immer er den Mund aufmachte, fluchte er auch wie ein Kutscher. Aber so, dass sogar der hartgesottensten Männerrunde die Schamesröte ins Gesicht stieg. Darum scheiterte auch ein Schadchen nach dem anderen daran, ihn zu verkuppeln, denn auch wenn er die Frauen verzückte, sämtliche infrage kommenden Schwiegereltern waren entsetzt, sobald er – was sich nicht vermeiden ließ – auch nur einen Satz sagte. Schloime sehnte sich schon sehr nach einer eigenen Frau und wurde immer trauriger. Kaum noch ein Schadchen fand sich, der es mit Schloime auch nur versuchen wollte, denn sein Ruf eilte ihm voraus.

Nur Ruven, der bekannte Spezialist für völlig ausweglose Fälle, sah in ihm eine Herausforderung, der er sich stellen wollte. »Hast du noch Eltern?«, fragte er Schloime. – »Nein, was fragst du mich, du Behejme, du Rindvieh! Du weißt doch, dass sie längst gestorben sind.« – Ruven lächelte gelassen. »Nimm deinen Talles. Wir gehen jetzt zum Bejs Ojlem.« Schloime seufzte tief, nahm seinen Gebetsschal mit vielen Flüchen auf den Lippen und wenig Hoffnung im Herzen, und sie gingen zum Friedhof. Am Grab seiner Eltern ließ ihn Ruven schwören: »Ich schwöre beim Seelenheil meiner Eltern, dass ich nur reden werde, wenn der Schadchen Ruven, der miese Ganeff, es mir erlaubt.« Ruven nahm die Beleidigung ungerührt zur Kenntnis, war zufrieden und verschaffte Schloime flugs am Tag darauf eine Einladung bei den Eltern der schönen Rachel aus dem Nachbardorf.

Ihr Vater, im besten Schabbes-Gewand, strahlte Ruven und Schloime unvoreingenommen an und hieß sie herzlich willkommen. Die Mutter von Rachel, der möglichen Kalle, hatte aufgekocht, nur das Beste vom Besten, und immer wieder fragte sie Schloime: »Willst du noch Latkes?« Schloime nickte freundlich, nahm von den Kartoffelpuffern und schwieg, wie vereinbart. »Willst du noch Lokschn mit Joach?« Schloime zeigte pantomimisch Begeisterung für die angebotene Nudelsuppe. »Schmeckt es dir?« Schloime nickte so enthusiastisch, dass keine Zweifel entstehen konnten. Der anscheinend so liebenswerte, nur leider schüchterne Schloime gefiel nicht nur der Mutter, auch Rachel war hingerissen und machte ihm so deutlich, wie es die guten Sitten nur erlaubten, schöne Augen, was bei Schloime auf mehr als fruchtbaren Boden fiel. Er warf dem Schadchen einen hochzufriedenen Blick zu.

Die Schwiegermutter in spe kam mit Tee. Schloime leerte Zucker in seine Tasse, rührte den Tee aber nicht um. »Was ist denn?«, fragte sie besorgt. »Ist er zu heiß?« Schloime schüttelte den Kopf. »Willst du mehr Zucker?« Schloime schüttelte den Kopf. »Schmeckt er dir vielleicht nicht«, fragte sie mittlerweile schon leicht gekränkt. Schloime begann verzweifelt dreinzuschauen, lief rot an in seiner offensichtlichen Bedrängnis, aber schwieg eisern weiter. Langsam wurde die Situation unbehaglich, und das gerade noch so liebenswert schüchterne Schweigen steckte die ganze Runde an, und die Stimmung schien einzufrieren. Einmal noch wollte Rachels Mutter es versuchen: »Schloime! Nu sag doch, warum trinkst du dann den Tee nicht?!«

Endlich, endlich gab ihm der Schadchen wohl oder übel das vereinbarte Zeichen, dass er sprechen durfte. Mit einem befreiten Ruck sprang Schloime auf, warf in seiner Erleichterung fast den Tisch um, machte in Höhe seines Hosenschlitzes eine kreisrunde Rührbewegung und rief verzweifelt aus: »Und mit wus soll ich mischen? Mitn Schmock??!«

Wer jetzt stutzt: Ursprünglich bedeutet Schmock, wie soll ich das jetzt ausdrücken, das männliche Fortpflanzungsinstrument.

Für Religiöse ist das Verhör bei den potenziellen Schwiegereltern auch nicht leichter:

- Ein armer Jeschiwebocher, der um die Hand eines reichen Mädchens anhielt, saß in seinem besten Kaftan vor ihrem Vater und stand ihm Rede und Antwort. Der begann die

Feindseligkeiten: »Was machst du beruflich?« – »Ich studiere den Talmud, mit Gottes Hilfe«, antwortete der Jeschiwebocher wahrheitsgemäß. Der Vater runzelte die Stirn: »Und wie willst du dann meine Tochter erhalten, die ein gutes Leben gewohnt ist?« Weiterhin bescheiden gab der Student zu Protokoll: »Gott wird schon helfen.« – »Und wie willst du deine Kinder ernähren?«, verhörte der Vater den Schwiegersohn-Kandidaten weiter. – »Ich werde so schnell wie möglich fertig studieren. Und Gott wird schon helfen«, bekam er zu Antwort. Der Vater bohrte weiter: »So, so. Und wo willst du mit deiner Familie wohnen?« Der Jeschiwebocher blieb unverändert höflich und bescheiden: »Ich werde mich sehr anstrengen, ein schönes Zuhause zu finden. Und Gott wird schon helfen«.

An diesem Punkt kam die Mutter der Zukünftigen dazu und tuschelte ihrem Mann ins Ohr: »Was hältst du von dem?« Mit einem vielsagenden Seitenblick auf den Kandidaten tuschelte er zurück: »Er ist mittellos und viel zu jung, ahnungslos, aber immerhin: Er hält mich für Gott.«

Wenn alles geklärt war, fanden dann zwei zusammen. Das ist im Tierreich auch nicht anders. Achtung: Herrenwitz!

- In einem kleinen Schtetl beobachteten zwei Männer eine Kuh und einen Stier, die von den Besitzern der Tiere zu einem Paarungsversuch überredet werden sollten. Es waren immerhin der potenteste Stier und die Milchkuh mit dem vollsten Euter der ganzen Region.

  Der Stier schnaubte und sprang in vollem Saft auf die Kuh, aber die schüttelte ihn ab wie eine Fliege. Der

Stier setzte abermals zum Sprung an, brachte seine pralle Kraft in geradezu perfekte Position, einen Vorderhuf links, einen rechts, Becken nach vor, aber die Kuh – wollte nicht. Sie wackelte nur einmal, gewusst wie, mit ihren begehrten Körperteilen und der Stier rutschte unverrichteter Dinge wieder von ihr ab. Der Stier sprang, und sprang, und die Kuh reagierte immer gleich mit immer unmutiger werdenden Abwehrbewegungen. Man versuchte, die beiden mit allen möglichen Hilfsmitteln und gutem Zureden zur erwünschten Intimität zu inspirieren, aber nichts half.

Die beiden Zuschauer waren fasziniert. »Die Kuh ist aus Minsk«, stellte schließlich einer der beiden fest. – »Woher weißt du das?«, frage der andere erstaunt. – »Meine Frau kommt auch aus Minsk.«

Familie – Mischpoche

Nehmen wir mal an, der Schadchen war erfolgreich, ein passendes Paar hatte sich durch ihn gefunden und geheiratet, dann kam im Schtetl-Leben ganz geordnet die vorgesehene nächste Lebensphase: die Familie. Die jüdische Familie besteht aus ihrem Zentrum, der Mamme, dem – wie man ja auch an mir sieht – eher unauffälligen Ehemann des Zentrums und deren Kindern, welche ausnahmslos Genies sind.

Auftritt: Die Mamme! Die jüdische Mutter hatte immer schon alle Eigenschaften einer ganz normalen Mutter, aber mehr davon, viel mehr davon. Sie ist per Definition eifersüchtig, bestimmend, besitzergreifend, weiß alles besser, klammert, macht sich immer Sorgen, stopft ihre Kinder ständig mit Lebensmitteln voll und opfert sich auf. Außerdem kann sie besonders gut nachhaltige Schuldgefühle vor allem in ihren Söhnen erzeugen. Bekanntlich gehen die meisten erwachsenen männlichen Juden deshalb früher oder später zum Psychiater oder werden welche.

... alle Fejgl fun dejm Bojm
sennen sich zerflojgn ... sug
ech zu der Mammen, her,
sollst mir nor nisch schterrn,
will ech, Mamme, ejns und
zwej, bald a Fojgl werrn ...
Itzik krojn, nemm um Gottes
Wiln, nemm chotzsch mit a
Schalilkl, sollst sich nischt far-
kiln. Di Galaoschn nemm dir
mit, s'gejt a scharfer Winter
un die Kutschme tu dir on,
wej is mir un Wind, und doss
Winterlejbl nemm, tu es on du
Schojte, ... Ech hojb di Fliegl,
s'is mir schwer, ziviel, ziiel
Sachn hot die Mamme onge-
ton, ihr Fejgele de schwachn
kuk'ch trojrig mir arajn in der
Mammes Ojgn. S'hot in
Liebschaft nischt gelosst
werrn mir a Foigl.

... alle Vögel in dem Baum
sind davongeflogen ... ich sag'
zur Mutter, lass mich ziehen.
Bald, ganz bald, will auch ich
ein Vogel sein. ... Mein
geliebtes Kind, um Gottes
Willen, nimm doch deinen
Mantel und den Schal, du
sollst dich nicht verkühlen.
Die warmen Schuhe nimm
dir auch, so harsch ist doch der
Winter, und die Mütze zieh
dir an, weil es geht der Wind,
und das warme Unter-
hemd. ... Ich heb' die Flügel,
und sie sind mir viel zu
schwer, zu viele Sachen hat
die Mutter auf ihr Vögelchen
geladen. Traurig seh' ich in
der Mutter Augen. Ihre Liebe
ließ mich nicht zum Vogel
werden.

(Volkslied, Text Itzik Manger, deutsche Übersetzung vom Autor)

Zum Job der archetypischen Mamme gehört es, sich aufzuopfern und manchmal – nur ganz selten und auch sehr subtil – anklingen zu lassen, dass sie es tut:

- Goldstein jr. ruft bei seiner Mutter an: »Wie geht's dir, Mamme, Siße?« Ganz schwach haucht sie mit letzter Kraft und kaum vernehmbarer Stimme: »Gut geht's mir, mein Jingele, gut. Nur ein bissele schwach.« – »Um Gottes Willen, Mamme. Wieso denn?« – »Ich hab' doch seit zwanzig Tagen nichts mehr gegessen.« Der Junior ist alarmiert. »Was ist passiert? Warum denn das?« – »Ach, mein Jingele, ich hab' doch auf deinen Anruf gewartet und wollte nicht mit vollem Mund mit dir telefonieren.«

In Wirklichkeit sind jüdische Mütter natürlich starke Frauen, die nicht nur als Mütter alles im Griff haben und nichts übersehen:

- Eine jüdische Mutter geht mit ihrem Kind am Strand spazieren. Plötzlich kommt eine Riesenwelle und schwemmt das Kind in die unendlichen Weiten des Ozeans. Die Mutter schreit voll Entsetzen und Verzweiflung: »Oh mein Gott, gib mir mein Kind zurück, gib mir mein Kind wieder, ich gebe alles, alles, wenn ich nur mein Kind wieder in den Armen halten darf! Gib mir mein Kind zurück!«
  Blitz und Donner zucken durch den Nachmittagshimmel, und eine weitere Riesenwelle schwemmt das Kind wieder vor die Füße der verzweifelten Mutter. Überglücklich schließt sie es in die Arme, überzeugt sich von seinem Zustand und freut sich, dass es unverletzt ist.

Doch plötzlich hält sie inne, erstarrt, schaut mit vor-
wurfsvoller Miene zum Himmel und schüttelt die Faust
nach oben: »Und wo ist seine Mütze?«

Jüdische Mütter sind nicht zuletzt auch für ihre ganz außer-
ordentliche Zähigkeit bekannt, die sie geradezu zu über-
menschlicher Kraft auflaufen lässt:

- Sara Morgenstern ging ins Reisebüro. »Ich möchte einmal
  Indien buchen«, gab sie ihre Wünsche bekannt. Die Reisebüroangestellte warf einen überraschten Blick auf ihr
  geschätzt 85- bis 90-jähriges Gegenüber: »Nach Indien?
  Fahren Sie in Begleitung?« – »Nein, ich fahre allein. Einmal
  Indien und retour bitte«, antwortete Frau Morgenstern
  ohne Zögern. – »Aha. Und wohin in Indien möchten Sie
  fahren?« – »Nach Goa.« Kein Zweifel, die Frau wusste, was
  sie wollte, aber die Reisebüroangestellte wollte auch Ver-
  antwortung zeigen und klärte auf: »Sie wissen schon, dass
  es in der Gegend für eine reife Frau wie Sie, ganz allein,
  nicht so einfach ist? Der lange Flug, die Infektionen, die
  Bettler, die Sprache …« – Frau Morgenstern ließ sich nicht
  beirren: »Einmal Indien und retour bitte.«
  Die verantwortungsvolle Angestellte gab auf, buchte,
  was die Kundin wollte, und Frau Morgenstern flog nach
  Delhi, reiste ebenso beschwerlich wie unbeirrt weiter nach
  Goa und fragte an der Rezeption ihres Ein-Sterne-Hotels:
  »Ich will zum berühmtesten Guru von Goa.« – »Ha!«,
  lachte der leidgeprüfte Concierge. »Das wollen viele, aber
  so einfach ist das nicht. Da gibt es Wartezeiten, lange, sehr
  lange Wartezeiten!«– Frau Morgenstern meinte gelassen:

»Das macht gar nichts. Ich warte.« – »Das kann aber gute drei Tage dauern, bis sie eine Audienz bekommen.« Frau Morgenstern verzog keine Miene, drei Tage lang nicht. Ohne zu klagen.

Am vierten Tag, die Kunde von der entschlossenen Frau hatte sich herumgesprochen, kam ein Abgesandter des Gurus ins Hotel und ließ Frau Morgenstern ausrichten: »Sie kann mitkommen. Aber sie muss sich anstellen.« So zogen sie gemeinsam Richtung Guru und Frau Morgenstern sah schon von Weitem eine lange, sehr lange Warteschlange. Geduldig stellte sie sich hinten an, rückte im Zeitlupentempo nach und nach vor und kam näher und näher Richtung Guru.

Zwölf Stunden später, als die Schlange immer kürzer wurde und der Guru schon sichtbar war, kam wieder ein Adlatus und wies Frau Morgenstern streng an: »Sie dürfen nur drei Worte zu ihm sagen. Haben Sie das verstanden? Nur drei Worte!« Die alte Frau nickte.

Endlich war sie dran. Der Guru saß mit geschlossenen Augen direkt vor ihr, vertieft in wichtige Gedanken, und schwieg. Frau Morgenstern wartete geduldig. Nach nur drei Minuten kehrte der Guru aus seiner Trance zurück, riss die Augen erstaunt weit auf und erstarrte. Frau Morgenstern sagte ihre drei Worte: »Moischele, komm heim!«

Wenn ein jüdisches Kind vorhat, erwachsen zu werden, und an ein eigenes Leben oder gar eigene Familiengründung denkt – oj!

- Mordechai Blumenfeld hatte seiner Mutter schon so viele Freundinnen vorgestellt, keine war ihr recht. Keine. Friedliebend, wie er war, ersann er schließlich eine List, um dieses Problem endlich in den Griff zu bekommen. Er lud gleich zehn gut aussehende, nette, kluge, junge Frauen ein, um sie seiner Mutter vorzustellen. Um seine wahre Vorliebe zu verschleiern, schäkerte er, bedacht auf gerechte Verteilung, mit jeder von ihnen. Der Abend verlief plangemäß. Mordechai rieb sich schon die Hände.

Am nächsten Tag fragte er verschmitzt seine Mutter: »Nu? Welche werde ich heiraten?« – »Natürlich die Rothaarige!!« Mordechai war sprachlos. »Woher hast du das gewusst??!« Die Mutter warf ihrem Spross einen mitleidigen Blick zu. »Ich kann sie nicht leiden!«

Und das beweist einmal mehr, dass Jesus Christus Jude war. Er fand kein nettes jüdisches Mädchen zum Heiraten, das seiner Mutter recht gewesen wäre, er lebte viel zu lange zu Hause, und die Mamme war fest davon überzeugt, dass ihr Sohn Gott sei.

Auftritt: Der Tatte!
Im Vergleich zur prototypischen Mamme verblasst der Tatte, der jüdische Vater, zum Nebendarsteller. In wichtigen Dingen sind die Mamme und der Tatte aber oft überraschend im Widerstand vereint:

- Schmuel ging zum Rabbiner und fragte ihn um Rat. »Reb Schloime, was soll ich tun? Wie komme ich zu einer Frau, die mir die Mamme nicht ablehnt?« – »Hm. Hmm!!« Reb Schloime war sich der Herausforderung bewusst. Nach langer, reiflicher Überlegung blitzte es schließlich in seinen Augen auf, er hatte die Lösung:

»Such dir ein Mädchen, das deiner Mutter ähnlich ist, gegen so eine kann sie nichts sagen.«

Schmuel gefiel der Gedanke, und er machte sich auf die Suche. Reb Schloime war gespannt. Wochen und Wochen hörte er kein Wort mehr von Schmuel, also bestellte er ihn schließlich zu sich: »Nu? Was is?!«

Schmuel seufzte tief. Sehr tief. Und erzählte. »Ich habe genau das gemacht, was der Rebbe geraten hat. Ich habe mir eine Frau gesucht, die fast genauso wie meine Mutter aussieht. Die redet wie sie. Die sich anzieht wie sie. Die sich bewegt wie sie. Die sogar kocht wie sie. Die mich herumkommandiert wie sie!« – »Nu? Nu? Was ist geschehen? Hat sie der Mamme denn nicht gefallen?!« – »Oh, doch«, seufzte Schmuel, »aber der Tatte mag sie nicht.«

Es gibt, was die Schwiegertochterwahl angeht, weitere Komplikationen, vor allem dann, wenn es um nicht-jüdische Frauen, also um Schicksen, geht:

- Abrahams Eltern machten sich Sorgen. Er wollte und wollte nicht heiraten. Sie drängten ihn wieder und wieder, doch endlich zur Vernunft zu kommen. Sie schämten sich schon vor all ihren Freunden, deren Söhne da schon weit voraus waren und sogar schon die ersten Enkel geliefert hatten. Sollte ausgerechnet ihr Sohn ein ewiger Junggeselle bleiben?

  Dann schienen die Zores vorbei zu sein. Abraham kam mit der Nachricht, dass er sich in ein sehr nettes und hübsches Mädchen verliebt hatte und auch heiraten wollte! Die Auserwählte hatte nur einen kleinen Schönheitsfehler. Helga war keine Jüdin. Abrahams Eltern gefror das Blut in den Adern. Verzweifelt schlugen sie die Hände über dem Kopf zusammen: »Um Gottes Willen! Du willst doch nicht, dass unsere Enkel keine Juden sind!«

Um ihren Liebsten glücklich zu machen, entschloss sich Helga schweren Herzens zu konvertieren und nahm alles auf sich, was dazu erforderlich war. Sie studierte Hunderte und Aberhunderte Seiten der heiligen Schriften, lernte einen koscheren Haushalt zu führen, zu Jom Kippur zu fasten, wirklich köstliche Gefilte Fisch herzustellen und ließ sich, der Vorschrift entsprechend, siebenmal vom Rabbiner abweisen. Helga erschütterte das aber nicht, im Gegenteil, sie wurde immer emsiger. Sie bestand alle Prüfungen mit ausgezeichnetem Erfolg, konnte den Rabbiner schlussendlich überzeugen und wurde Jüdin. Endlich konnten sie und Abraham heiraten und lebten fortan ein ordentliches jüdisches Leben.

Eines Tages läutete das Telefon. »Abraham, wo bist du?«, fragte der Vater ganz aufgeregt. »Wieso bist du nicht im Geschäft? Wir machen Inventur!« Abraham war sich keiner Schuld bewusst und entgegnete wahrheitsgemäß: »Aber, Papa, heute ist doch Schabbes!« – »Bist du meschigge? Schabbes hin, Schabbes her, ich brauch' dich im Geschäft! Ich kann ohne dich keine Inventur machen!« – »Was soll ich denn tun?«, fragte Abraham verzweifelt. »Helga lässt mich doch am Schabbes nicht ins Geschäft gehen!« Der Vater war sprachlos und seufzte nur noch aus der Tiefe seiner Seele: »Ich hab' dir immer schon gesagt, du sollst keine Schickse heiraten!«

Zwar war es im Schtetl und auch noch lange nachher völlig undenkbar, eine Schickse zur Frau zu nehmen. Aber mit dem Gedanken hat so manch einer schon gespielt.

Für Philip Roth schaute beim Schielen zu den Schicksen und bei der Auseinandersetzung mit dieser Frage sogar eine literarische Karriere heraus. Von *Portnoys Beschwerden* bis zu seinem Spätwerk ließ ihn das Thema nie los.

Gerhard Bronner, die Wiener Kabarett-Legende, über Jahrzehnte an der Seite hochgewachsener blonder Weiblichkeit zu sehen, erklärte seinen Widerstand gegen jüdische Frauen in Kurzform: »Die durchschauen einen viel zu schnell«, wähnte er sich an der Seite nicht-jüdischer Weiblichkeit auf der sicheren Seite. Durchaus zu Unrecht.

Als ob es das Schlimmste für einen jüdischen Vater wäre, wenn die Schwiegertochter keine Jüdin ist:

- Ein verzweifelter jüdischer Vater beschwerte sich bitter bei Gott: »Wie konntest du das zulassen? Mein Sohn hat sich taufen lassen und ist Christ geworden.« Gottes Stimme hallte tröstend aus den Wolken: »Mir ist es genauso ergangen.« Ein Funken Hoffnung regte sich in dem unglücklichen Vater: »Und was hast du dann gemacht?« – »Was werde ich schon gemacht haben?«, tönte die Stimme aus dem Off. »Ein neues Testament.«

Was jüdische Eltern, nicht nur die Mütter, vor allem auszeichnet, ist ihre unerschütterliche Überzeugung, dass ihre Kinder Genies sowie schön sind und nichts und niemand gut genug für sie ist. Alle jüdischen Kinder sind Genies. Wieso? Die Mamme hat es gesagt, aber der Tatte weiß das natürlich auch.

Was das mit den kleinen Genies macht, ist unterschiedlich. Manche Kinder glauben es einfach, auch wenn dieser Glaube trotz aller Bemühungen auf Mamme, Tatte und Kind beschränkt bleibt. Manche der so gestärkten jüdischen Kinder schöpfen daraus allerdings nicht nur Selbstbewusstsein, sondern auch das Vertrauen und den Mut, aus eigener Kraft Großes zu schaffen.

Aber alles beginnt mit der Mamme und ihrer Theorie und Praxis der angewandten Geniekunde:

- Frau Rosenberg geht mit ihren zwei kleinen Söhnen im Park spazieren und läuft Frau Goldstein über den Weg, die gar nicht genug Begeisterung über die kleinen Rosenbergs zeigen kann: »Das sind ja so süße Kinder! Wie alt sind sie denn?« – Frau Rosenberg kwellt fin Naches, quillt über vor Freude, und stellt die beiden näher vor: »Hier, der Anwalt ist vier und der Neurochirurg ist zwei.«

Je mehr jüdische Mütter zur selben Zeit im selben Raum zusammentreffen, desto intensiver wird die Mütterolympiade:

- Treffen sich gleich drei jüdische Mammes im Kaffeehaus und schwärmen von ihren Söhnen. »Mein Isaac ruft mich täglich zweimal an und fragt, wie es mir geht!« – »Das ist nichts!«, fuhr die zweite dazwischen. »Mein Moischele schickt mir jeden Tag Blumen!« – Die dritte zuckte unbeeindruckt mit den Schultern. »Tss. Das ist doch gar nichts! Mein Simon, mein Sießer, geht jeden Tag zum Psychiater.« – »Und was macht er dort?« – Triumphierend antwortet die stolze Mamme nach einer bedeutsamen Pause: »Er redet nur von mir!«

Auch Frau Grün und Frau Blau treffen sich zum mütterlichen Erfahrungsaustausch. Sie haben Wichtiges zu besprechen:

- »Mein Sohn, ich sag's Ihnen«, berichtet Frau Grün, »der verdient so viel Geld und hört nicht auf Geld zu verdienen, es wird schon langsam unheimlich. Die Banken rollen schon den roten Teppich aus, wenn er nur in der Nähe ist. Ganz Warschau könnte er kaufen, wenn er wollte!« – »Ganz Warschau? Sehr beeindruckend«, gibt Frau Blau zu. »Aber wissen Sie, es tät' ihm nichts helfen: Mein Sohn verkauft nämlich nicht!«

Der Fairness halber sei erwähnt, die jüdischen Väter stehen den Müttern in ihrem Stolz auf die Kinder um nichts nach:

- Ein Tatte erzählt im Freundeskreis von seinen Kindern. »Hab' ich euch schon erzählt, dass mein Ältester jetzt Professor an der Warschauer Uni geworden ist? Er hat den höchsten Wissenschaftspreis für die Erforschung der südpazifischen Ureinwohner bekommen. Und meine Judith? Nicht nur, dass sie mir die schönsten aller Enkelkinder geschenkt hat, sie ist auch noch als Konzertpianistin in der ganzen Welt gefragt und gibt gerade ein Konzert in der ausverkauften Carnegie Hall. In Amerika!« – »Und was ist mit deinem Jüngsten«, wagt ein aufmüpfiger Zuhörer nachzuhaken. Gedämpft und verschämt antwortet der

Tatte: »Ach der, der hat ein Textilgeschäft in Lemberg.«
Und kaum hörbar fügt er hinzu: »Unter uns, ohne ihn
wären wir schon alle verhungert.«

Es stimmt also, dass alle jüdischen Kinder Genies sind, überhaupt meine, aber wenn man die rosarote Brille der jüdischen
Mamme, in Ausnahmefällen auch die des Tatte, absetzt, …

- Sitzen drei Juden im Schwitzbad. Krächzt der Erste:
  »Oj!« – Nach einer Weile krächzt der Zweite womöglich
  noch herzerweichender: »Oj!« – Darauf unwirsch der
  Dritte: »Schluss jetzt! Wir haben doch vereinbart, nicht
  über die Kinder zu reden!«

Sterben – Chewra Kadischa

Irgendwann sind die Kinder erwachsen, die Enkelkinder pro-
duziert, und das Ende des Lebenszyklus naht. Hier spielt dann
die berühmteste aller jüdischen Untergrundbewegungen eine
tragende Rolle: die Chewra Kadischa, der religiöse Bestat-
tungsverein.

An dieser Stelle fällt zunächst der Ordnung halber der unver-
meidliche Klassiker an, den wohl jeder kennt, der schon einmal
mit einem jüdischen Witz in Berührung gekommen ist:

- Es dauerte nicht mehr lange, und Feiwisch war so weit,
  seinen letzten Atemzug zu tun. Die Familie versammelte
  sich traurig um sein Sterbebett, um seine letzten Stunden
  zu begleiten. Mit immer leiser werdender Stimme fragte

er: »Rifka, meine geliebte Frau, bist du da?« – »Ja, mein geliebter Mann, ich bin da!« – »Sara, meine geliebte Tochter, bist du da?« – »Ja, Tatte, ich bin da!« – »Judah, mein geliebter Sohn, bist du da?« – »Ja, Tatte, ich bin da!«

Mit einem Ruck, den man dem kraftlosen, sterbenden Feiwisch nicht mehr zugetraut hätte, richtete er sich verzweifelt auf und rief: »Und wer ist dann im Geschäft???!«

Gut. Hätten wir das auch erledigt.

■ Marcus Rubinstein saß zu Hause und rief die Chewra Kadischa an. Seine Frau war gestorben. »Hier Marcus Rubinstein. Wer spricht dort?« – »Joel Weinstein. Bist du's Marcus? Marcus Rubinstein aus Kolomayja? Ich glaub' es nicht! Schon lange nichts von dir gehört. Seit mindestens zehn Jahren. Was ist los?« – »Joel. Gut, dass du es bist. Meine Frau Sara ist gestorben.« – »Ich wusste ja gar nicht, dass du geheiratet hast.« – »Ja, vor fünf Jahren habe ich meine wunderbare Sara kennen- und lieben gelernt und sie geheiratet.« Darauf Weinstein: »Also zuerst einmal: Mazl tov!«

Es ist bei Juden Vorschrift, die Verstorbenen vor der Schiwe, der siebentägigen Trauerversammlung, möglichst schnell, normalerweise innerhalb von 24 Stunden, zu begraben. Außerdem ist es üblich, dass man einen Verstorbenen erst dann begraben darf, nachdem ein Rabbiner oder zumindest irgendein Redner bei der Hesped, der Totenrede, irgendetwas Gutes über ihn gesagt hat.

Diese Anforderungen, gemeinsam mit dem Zeitdruck, können sich manchmal als schwierig gestalten:

- In Galizien starb ein richtig brutaler, geiziger, egoistischer Mann. Sein ganzes Leben lang hatte er die Leute belogen und betrogen, hatte nie Bedürftige unterstützt, und es fand sich beim besten Willen niemand, der fähig oder bereit war, etwas Gutes über ihn zu sagen, nicht einmal der Rabbiner. Nach einigen Tagen verbreitete sich schon der Duft des Verblichenen. Und immer noch fiel absolut niemandem irgendetwas Gutes ein, das sie über den Toten sagen hätten können.

  Schließlich griff der Rabbiner, um das Wohl der noch Lebenden besorgt, durch und quälte sich das Beste, das er dem Toten nachsagen konnte, ab: »Er hat lieb gehabt Mohnniddelach«. Das inspirierte. »Und«, rief der Nächste, »er war besser als sein Bruder!«

Juden wünschen einander »ad mea esrim«, sprich 120 Jahre alt sollst du werden, um zu bezeugen, wie herzlich ihre Wünsche sind und wie lebensbejahend sie an die Härten ihres Alltags herangehen.

- Und dann geschah es, dass Jankele mit 119 Jahren starb. Am Grabstein war zu lesen: »Jakob ben Nathan. Viel zu früh und völlig unerwartet ward er aus dem Leben gerissen.«

Am Ende des Tages:

■ Wozu braucht ein Jude eigentlich Füße? Er wird geboren und liegt – in den Armen der Mamme. Zur Brith Milah, der Beschneidung, wird er getragen. Zur Bar Mitzwa wird er geführt. Zur Chassene, der Hochzeit, wird er geschleppt. Zu Grabe wird er wieder getragen. Also wozu braucht er dann Füße? – Weil: In den Konkurs geht er!

Pax heißt nicht Frieden –
von Budapest nach Wien

Mein Vater wollte sein altes Leben, die Ermordung seiner halben Familie und seiner ersten Frau in der Schoah, mit Gewalt ausblenden. In seinem galizischen Schtetl hatte er gesehen, wie geachtete, gelehrte fromme Juden von SS-Schergen gezwungen wurden, aufeinander zu reiten. Sie wurden buchstäblich in die Knie gezwungen und mussten auf allen vieren kriechen. Andere, besonders schwere Juden mussten sich als Jockeys auf sie setzen und dann zum Gaudium der Nazis um die Wette reiten. Da begann mein Vater zu zweifeln und sich zu fragen, ob die Nazis nicht vielleicht doch recht hatten. Waren wir nicht wirklich Untermenschen? Wie konnte es sonst sein, dass die, die er bisher wegen ihrer Bildung und Weisheit so bewundert hatte, so tief sinken konnten? Und was war aus ihm selbst geworden? Wie konnte er diesem Treiben zusehen, ohne zumindest zu versuchen, und sei es mit bloßen Händen, auf die Verbrecher loszugehen? Irgendwann hatte die brutale Gründlichkeit der Nazi-Gehirnwäsche nicht nur die Täter überzeugt, sondern auch ihre Opfer. Sie begannen, sich wie die Untermenschen zu fühlen, als die sie behandelt wurden. Es wurde »Normalität«, und die eigentliche Normalität wurde bizarr und irreal.

Nach dem Krieg sah mein Vater einen einzelnen, mit einer Maschinenpistole bewaffneten russischen Soldaten, der Hunderte deutsche Gefangene bewachte. Sie waren genauso verdreckt, verängstigt, gebückt und erniedrigt wie vor ihnen die Juden. Hunderte Deutsche hatten sich auch nicht gewehrt – gegen den einen Russen. Erst da begriff mein Vater, dass jeder, egal wer, in der entsprechenden Situation zum »Untermenschen« gemacht werden konnte. Er war einer von vielen, die ungern über ihre Vergangenheit gesprochen haben und, wenn überhaupt, erst viel später zulassen konnten, ihr Schweigen zu brechen. Auch der erste Mann meiner Mutter, Joseph Jàvor, und der Großteil ihrer Familie war umgebracht worden, und auch sie wollte mit aller Kraft nach vorne schauen. Als Überlebende wollten sie nun auch wirklich leben, mit dem alten, zerstörten Leben abschließen. Durch ihre Heirat hatten Markus und Rose in Budapest ein neues Kapitel aufgeschlagen.

Als der Kommunismus mehr und mehr sein hässliches Gesicht zeigte, waren meine Eltern sich einig: »Nur weg von hier. In ein freies Land.« Nach ihrem Weg aus dem Schtetl nach Budapest wurde für meine Eltern nun Amerika das neue Sehnsuchtsziel. Dorthin waren die Schwestern meines Vaters, Helen und Anny, schon in den 1920er-Jahren ohne Umweg direkt aus dem Schtetl geschickt worden. Ihr neues Leben hatte zunächst in einem der berüchtigten Sweatshops begonnen. Anny heiratete später dessen Eigentümer, ihre Schwester Helen einen armen Mann, einen Kellner. Beide Schwestern aber würden meinem Vater und der Familie, die noch in Europa war, die Hand für den Weg nach Amerika reichen können.

Irgendwie hatte es meine resolute Mutter geschafft, Papiere zu besorgen, obwohl die Kommunisten den ungarischen Bürgern die Ausreise strikt verboten hatten. Sie aber hatte erfolgreich bei der polnischen Botschaft interveniert und argumentiert, dass ihr »Polischi« zurück in seine Heimat gehen wollte und sie als seine Frau ihm mit den Kindern folgen würde. Das funktionierte.

Im Sinn hatten sie natürlich Amerika, die goldene Medine, das goldene Land der uneingeschränkten Möglichkeiten. Sie verkauften ihr Hab und Gut, das sie nach dem Krieg aufgebaut hatten, wechselten das Geld, dem sie nicht trauten, in Valuten und Goldmünzen um und versteckten sie in den ausgehöhlten hölzernen Elefantenfiguren, die mein Kinderbett zierten, das nun Teil des sperrigen Gepäcks auf dem Weg aus Ungarn wurde. Markus Engelstein hatte wieder gepackt.

Ich war drei. Meine Mutter rüttelte mich wach. Wir waren nicht mehr zu Hause, sondern in einem Zug. Vor uns standen riesige uniformierte Männer und verlangten Papiere! Irgendetwas sagte mir, dass jetzt ein guter Zeitpunkt wäre, um die kommunistischen Lieder zu singen, die ich aus dem Kindergarten kannte. Der Erfolg gab mir recht, denn nicht nur die Eltern und meine Schwester Eva, sondern auch diese furchterregenden Uniformierten lachten. Einer davon zwickte mich freundlich in die Wange, und ohne unser Gepäck näher zu untersuchen, bekamen wir die Papiere zurück, und sie gingen weiter ins nächste Abteil. Ich schlief wieder ein. Als Onju, meine Mutter, mich abermals wachrüttelte, war es Zeit, auszusteigen. »Wir sind da.« – »Wo?«, wollte ich wissen. – »In Wien.« Ich war ganz schlaftrunken und hatte keine Ahnung, was das bedeuten sollte. Mir war nur klar, zu Hause war das hier nicht.

Wien bedeutete zunächst enge Zimmer, wo wir in Untermiete wohnten. Die Vermieterin war eine alte Frau, die uns auch fühlen ließ, wer hier unten war. Apu, mein Vater, sagte »Frau Gräfin« zu ihr. Zu mir war sie unwirsch und sprach in einer fremden Sprache, die ich nicht verstand. Manchmal klang es ähnlich wie Jiddisch, die Sprache, in der sich meine Eltern miteinander unterhielten, wenn ich sie nicht verstehen sollte.

Wien bedeutete auch, dass ich meiner Schwester Eva nichts mehr recht machen konnte. Wenn sie mich und meinen Kinderwagen in den dritten Stock hinauftrug, brauchte sie gar nichts mehr zu sagen. Ich wusste, dass sie keine Freude damit hatte. Mit dieser fremden Stadt nicht und mit mir auch nicht. Nicht einmal meine Kommunisten-Lieder konnten sie aufmuntern.

Immer wieder fielen die Worte »Visum« und »Amerika«, die gute Laune bei meinen Eltern auslösten. Irgendwie erwartete ich, dass bald etwas Tolles passieren würde, nachdem sie diese magischen Worte ausgesprochen hatten, aber nichts geschah. Mit der Zeit sprachen sie immer seltener von »Visum« und »Amerika« und immer öfter von »Geld verdienen«, »arbeiten« und »Geschäft«.

Wenn meine Eltern »Geschäft« sagten, gab es auch meistens Streit mit der Gräfin. Das hatte mit dem Vierteltelefon zu tun, das man mit drei anderen Parteien zu teilen hatte. Die Gräfin beschwerte sich darüber, dass es ständig besetzt wäre, und meine Eltern versuchten ihr, meist vergeblich, verständlich zu machen, dass sie es ja fürs Geschäft bräuchten. »Ständig besetzt« sagte man übrigens auch immer wieder, und zwar dann, wenn man verärgert an der Tür zum Klo rüttelte.

»Ständig besetzt« gehörte zu meinen ersten Worten in der neuen Sprache: Deutsch. Dieses Deutsch gefiel mir gar nicht, weil nie jemand etwas Nettes in dieser Sprache zu mir sagte.

Auch meine Muttersprache Ungarisch war nicht mehr dieselbe. Meine Eltern sagten immer öfter »várjon«, warten, und das löste die Strahlkraft von »Visum« und »Amerika« auf bedrückende Weise ab.

Eines Tages hob mich mein Vater hoch und verkündete: »Du, Ervinke, Onju und ich, wir heißen jetzt nicht mehr Engelstein, sondern auch Jàvor so wie die Eva, weil ich will, dass unsere ganze Familie denselben Namen hat!« Ich hatte keine Ahnung, was das jetzt wieder bedeutete, es war mir auch ziemlich egal, aber aus dem ungewohnt gerührten Gesichtsausdruck meiner Mutter konnte ich lesen, dass es offenbar etwas ganz Besonderes war.

Ich war jetzt Erwin Jàvor.

Eva

Rose und Markus Javor, – der Akzent ging gottlob mit der Zeit verloren –, wie meine Eltern nun beide hießen, hatten nicht vor, lange in Wien zu bleiben. Aber die Zeit in der Zwischenstation Wien zog sich in die Länge. Ihre Versuche, Visa für Amerika zu bekommen, alle erforderlichen Papiere allen involvierten Behörden vorzulegen, dauerten und nahmen kein Ende. Der Sommer ging vorbei, im Herbst wurde Eva in die Schule geschickt, ohne dass sie ein Wort Deutsch sprach.

Sie war nicht mehr sie selbst, seit die Familie zerbrochen war, die sie als kleines Kind gekannt hatte, seit sie ihren Vater verloren und allein mit der immer so starken Mutter überlebt hatte. Sie blieb im Herzen auch allein, als ihre Mutter Markus fand. Die hatte wohl eine neue heile Welt gefunden, sie aber nicht. Dieser »Polischi« war nicht ihr Vater. Und die Mutter war bald auch nur noch die Mutter von diesem kleinen Ervinke-Genie.

Als Teenager fand Eva ihre neue Herzensheimat und Hoffnung nicht in dieser neuen Familie und der neu geschaffenen Welt ihrer Mutter, sondern in der Haschomer Hatzair, einer linken zionistischen Jugendorganisation, der sie sich angeschlossen hatte.

Es gab zu der Zeit im Wesentlichen drei Richtungen, an denen sich die Ostjuden orientierten: Eine hielt sich an die Religion, um die die Rabbiner Mauern bauten, um sie zu schützen. Eine zweite Perspektive war der Kommunismus, die neue Realität im Osten. Das dritte Zukunftsszenario setzte auf Zionismus, der einen eigenen Staat der Juden, Israel, als einzige Hoffnung gegen den unausrottbaren Antisemitismus erkannte. Durch ihre persönliche Geschichte standen meine Eltern der dritten Strömung nahe.

Für Eva war schon vor der Flucht nach Wien der Zionismus die Hoffnung auf ein lebenswertes Leben, in dem sie sich zu Hause fühlen konnte. Von den Nazis hatte sie gelernt, dass Juden sich vor körperlicher Arbeit drücken würden, feig seien und nichts wert wären. Jetzt sah sie plötzlich die Möglichkeit, allen, vor allem sich selbst, das Gegenteil zu beweisen. Sie schöpfte Kraft in dem idealistischen Traum der Gründung Israels, in der Vision, der israelischen Armee beizutreten, die den Juden das Recht auf Ehre und Sicherheit erkämpfen würde. Sie wollte in einem Kibbuz hart arbeiten und zusehen, wie die Wüste grün würde. Das rationale Wissen, ein Opfer gewesen zu sein, hatte ihr nicht geholfen, denn Opfer-Sein bedeutet auch, sich ausgeliefert zu fühlen, seiner Würde beraubt worden zu sein. Sie wollte als freier Mensch Opfer bringen, für Israel, und so die Chance bekommen, sich stolz statt erniedrigt zu fühlen, etwas tun und fühlen, das größer und mächtiger war. An dem Gedanken, mit einem der Jugendtransporte Alijah zu machen, nach Israel auszuwandern, konnte sie sich noch festhalten und aufrichten. Aber Rose und Markus hatten andere Pläne, und natürlich konnten sie einer Halbwüchsigen nicht erlauben, allein nach Israel zu gehen.

Es war November, kalt und grau. Wir wohnten noch immer bei der Gräfin. Onju war geschäftlich in Israel. Ich war allein mit Apu und Eva. Für mich war an diesem Tag nicht viel anders als sonst. Meine kindliche Erinnerung vermischt sich mit späteren Erzählungen von anderen.

Eva nahm sich das Leben. Sie stürzte sich aus dem Fenster.

Ich begriff erst viel später, was das bedeutete. Es blieb eine Verzweiflung innerhalb der Familie, die ich für den Rest meines Lebens spüren würde.

Nach Evas Tod kam meine Großmutter mithilfe von Schleppern aus Budapest nach Wien, um uns zu helfen. Damit riskierte sie ihr Leben und verlor außerdem alles, was sie hatte, an die Schlepper. Für sie gab es danach keinen Weg mehr zurück und keinen Weg nach vorne. Nach Ungarn konnte sie nicht mehr, denn sie wäre wegen Republikflucht ins Gefängnis gesteckt worden. Nach Amerika konnte sie auch nicht, denn in ihrem Alter hatte sie keine Chance, ein Visum zu bekommen. Damit war Amerika für die ganze Familie unmöglich geworden. Meine Eltern blieben in Wien hängen. Wie so viele – obwohl der Großteil es tatsächlich schaffte, weiterzuziehen.

Die Ostjuden in Wien verloren über Jahrzehnte und Generationen hinweg nie das Gefühl, nur auf der Durchreise zu sein. Wenn überhaupt, waren und sind es manchmal erst die Kinder oder Enkel der Shoah-Überlebenden aus dem Osten, die letztlich tatsächlich in aller Herren Länder oder wie mein Sohn Daniel nach Israel ausgewandert sind.

Selbst wenn sie blieben, kam es für sie und weitere Generationen zu keiner Verwurzelung. Man lebte im beständigen Gefühl, sicherheitshalber besser stets einen Koffer gepackt zu lassen.

Viele verstanden sich – wie meine Familie auch – als Durchreisende. Mehr als hunderttausend Ostjuden aus Ungarn, Polen, der Tschechoslowakei oder Rumänien landeten auf dem Weg in den Westen zunächst im Wien der Nachkriegsjahre, bevor sie weiterzogen. Andere wollten ihre Familien wiedersehen oder herausfinden, ob sie überlebt hatten.

Vor dem Krieg gab es etwa 200 000 Juden in Wien, heute sind es nur noch ein paar Tausend. Ähnlich änderten sich die Zahlen in ganz Europa. Lebten einst zwei Drittel der Juden weltweit in Europa, sind es heute nur noch etwa zehn Prozent. Der Großteil lebt in den USA oder in Israel.

Während des immerwährenden Zwischenstopps der wenigen, die nach dem Krieg hängengeblieben waren, entstanden dennoch Existenzen, Familien, neue Leben und eine ganz bewusste, stolze Lebensfreude.

Holz und gestickte Blusen

In dieser Zeit des vermeintlichen Zwischenstopps meiner Familie, der sich zog und zog, um schließlich Dauerzustand zu werden, mussten auch meine Eltern Geld verdienen. Ich bewunderte meinen Vater grenzenlos dafür, wie er das schaffte. Meine Mutter war immerhin schon in Budapest aufgewachsen, aber mein Vater war noch von einem ganz anderen Kulturkreis geprägt. Er konnte zuerst kaum Deutsch, sprach hauptsächlich Jiddisch und Polnisch und in beschränktem Ausmaß Ungarisch und Russisch. Doch er krempelte ohne je zu jammern die Ärmel hoch und begann optimistisch, kreativ, fleißig und fokussiert zu arbeiten. Mein Vater blieb trotz allem, was er erlebt hatte, ein völlig positiver Mensch. Seine Familie im Schtetl in Jablonica hatte vor dem Krieg Wälder besessen, und so hatte er »Holztechnik« gelernt, was immer das auch sein mochte. Also zog er nun in Wien zunächst mit einem Kompagnon einen Holzhandel auf.

Meine Mutter eröffnete in Bad Gastein ein Blusengeschäft und verkaufte in der Sommersaison gestickte Blusen an deutsche Urlauberinnen. Auch sie packte ohne viel Federlesens an, tat, was zu tun war, arbeitete beinhart und verdiente Geld.

Während dieser Sommer in den frühen 1950er-Jahren zog ich mit meiner Mutter und Großmutter nach Bad Gastein, und mein Vater besuchte uns dort, sooft er konnte, am Wochenende. Wir wohnten in einem winzigen Hotelzimmer, wo wir auf einem nicht minder winzigen Elektro-Rechaud etwas zu essen aufwärmen konnten.

Mein Vater verstand es großartig, was objektiv Mangel war, als Spaß zu verkaufen. Er hatte auch keine der in der Gegend üblichen, grob genagelten Goiserer Schuhe. Gewandert ist er trotzdem besser als alle anderen, er kam schließlich aus den Karpaten.

Einmal gingen wir an einer Pferdekoppel vorbei, da stieg er unvermittelt auf ein Pferd ohne Sattel und ritt davon. Ich war außer mir vor Überraschung. Als er zurückkam, beruhigte er mich lachend und voll Stolz: »Ich war ja bei der Kavallerie.«

Im Lauf der Zeit verblasste der Traum von Amerika endgültig. Es ließ sich nicht mehr ändern, wir würden in Wien bleiben. Meine Eltern wollten dann auch das Pendlerleben zwischen Wien und Bad Gastein beenden und überlegten, etwas Gemeinsames aufzubauen. Zunächst eröffnete mein Vater, nachdem er den Holzhandel aufgegeben hatte, mit zwei Kompagnons, Mendel Fischmann und Moische Katz, ein Textilgeschäft am Rudolfsplatz im Ersten Wiener Gemeindebezirk.

Waren wir nicht in Wien, rief mein Vater regelmäßig bei seinem Kompagnon Mendel Fischmann an, um sich zu erkundigen, wie es im Geschäft lief: »Wie gehen unsere Geschäfte, Mendel?« – »Oj, Markus«, seufzte Fischmann und versank in eine lange Pause. Dann dozierte er, um der Botschaft das nötige Gewicht zu verleihen: »Wenn man nemmt ein Gewehr …« (lange Pause) »… und man schießt …« (lange Pause) »… am Rudolfsplatz …« (noch längere Pause) »… man trifft keinen.«

Im Lauf der Zeit gingen die Kompagnons auseinander, und jeder von ihnen eröffnete sein eigenes Geschäft. Mein Vater gründete nun gemeinsam mit meiner Mutter das Textilgeschäft »Mark. Javor«, wieder am Rudolfsplatz. Wobei die unergründliche Abkürzung seines Vornamens bei mir und vielen seiner Kunden Kopfschütteln und Ratlosigkeit hinterließ. Das Geschäft bestand aus zwei Lokalen, die durch ein Haustor getrennt waren. Stand man davor, hatte man die Wahl zwischen Vaters Herrenabteilung rechts und Mutters Damenabteilung links. Sie »manipulierten«. Das hieß, sie kauften Stoffe, ließen sie zuschneiden und für »Macherlohn« nähen. Dann verkauften sie die Ware im Großhandel an gemischte Warenhandlungen, die es damals noch in jedem österreichischen Dorf gab.

Von der Untermietwohnung in der Himmelpfortgasse zogen wir schließlich in eine Hauptmietwohnung in der Esslinggasse und später in die erste Eigentumswohnung in der Rotenturmstraße. Als ich in die Volksschule ging, besaßen wir schon vieles, das damals keineswegs selbstverständlich war, wie ein Radio oder später einen Opel Caravan.

»Schtetele« Wien

Das neue Schtetl war nun also Wien. Ein Dorf in der großen Stadt. Innerhalb der jüdischen Gemeinschaft, die unter sich blieb und nach außen wie eine Einheit schien, gab es Vielfalt, und das ist heute noch so.

Es gab und gibt assimilierte und orthodoxe Juden und alles dazwischen. »Die Juden« sind ein überaus buntes Konglomerat ganz unterschiedlicher religiöser oder säkularer Orientierungen und unterschiedlichen geografischen Ursprungs: Atheisten, Agnostiker, Reformjuden, Drei-Tages-Juden, Orthodoxe aller Schattierungen, die sich auch nur ungern undifferenziert in einen Topf mit »den Juden« werfen ließen und lassen – außer, wenn es hart auf hart kommt.

Die überlebenden oder aus der Emigration zurückkehrenden Juden wurden nicht als Heimkehrer gefeiert und gar nicht erst eingeladen zurückzukehren. Die bloße Existenz der vielen durchreisenden und der wenigen zurückkehrenden Juden hielt Österreich einen Spiegel vor, in den es erst Jahrzehnte später, mit Unbehagen, bereit war hineinzublicken.

Die Schoah hatte den assimilierten Juden ihre Heimat genommen. Im Herzen war und blieb Wien dennoch Heimat und zentraler Baustein ihrer Identität, egal, wie sehr sie sich dagegen sträubten. Der Riss zwischen dem, was sie geprägt hatte, und dem, was sie erlebt hatten, ließ sich nicht kitten. Hatten sie es in die Emigration geschafft, waren sie zwar Schlimmerem entkommen, aber sie hatten ihr Selbstverständnis verloren.

- Zwei Juden, die in den 1940er-Jahren aus Österreich nach Amerika geflüchtet waren, treffen sich in New York auf der Straße. Fragt der eine: »Wie geht's dir in der Neuen Welt, im Land der unbegrenzten Möglichkeiten?!« Sagt der andere nach kurzer Überlegung: »Was soll ich sagen? Dankbar – und unglücklich.«

Das Lied von Hermann Leopoldi, ursprünglich Herschel Kohn, und Robert Gilbert, eigentlich David Robert Winterfeld, zeigt die Zerrissenheit der Emigranten noch deutlicher:

Ja, ich war einmal ein großer Bernhardiner –
over there, over there, over there!
Mein Stammbaum war ein Zwetschkenbaum, ein grüner –
over there, over there, over there!
Ein ausgefress'ner Mops, das war mein Diener,
ein süßer Pekinese mein Verkehr.
Ja, ich war einmal der größte Bernhardiner,
over there, over there, over there!
Mein kleines Hundehütterl war ein Palast.
Die feinste Hundeg'sellschaft war bei mir zu Gast.
Ja, ich war einmal ein großer Bernhardiner,
drum fühl ich einen wehen Stolz in mir,
wenn ich am Broadway wackel
als ganz a klaner Dackel,
over here, over here, over here.
Da sprach der andere Dackel:
»Ich kenn' die Geschichte bereits.
Man hört von dem Debakel
so manches in Washington Heights.«
Ein Zwergpudel sagt mir, einst war er
in Vienna ein ganz großes Tier.
Ich glaub' ihm kein Wort,
ich weiß, er war dort
genauso a Schnorrer wie hier.

(Musik Hermann Leopoldi, Text Robert Gilbert)

Es gehört zur menschlichen Natur, mehr als nur durchschnitt-
lich sein zu wollen. Das gilt ganz besonders für Emigranten, denn sie haben meist auf ihrem Weg in ein neues Leben
vieles verloren. An der Erinnerung an bessere und schönere

Zeiten lässt es sich gut festhalten, um schwierige Zeiten zu überstehen. Ein typischer Emigrant, es muss kein Jude sein, war vielleicht ein Studienabbrecher, ein schlechter Geschäftsmann, ein völlig unauffälliger Durchschnittsbürger in jeder Hinsicht. Weit weg in der Emigration, in der Verklärung der ohnehin nicht überprüfbaren Vergangenheit, strahlt das graueste Leben in buntesten Farben. Da war dann plötzlich so mancher ein Großindustrieller, ein Bankdirektor oder zumindest ein Professor. Mein Vater nannte einen so Beförderten »Grenzdoktor«, sprich bei der Einreise in sein neues Land war er wie von Wunderhand zum Beispiel Akademiker geworden.

Den »zuag'rasten« Ostjuden begegneten die assimilierten Wiener Juden so kritisch, wie es die Nicht-Juden auch taten. Sie empfanden die orthodoxe Variante der Bewahrung der jüdischen Identität als unverständlich, um nicht zu sagen ärgerlich. Von den Wiener Juden zu jener Zeit, als meine Familie hierher kam, sprach niemand mehr Jiddisch. Sie waren schon die zweite und dritte Generation derer, die in die Hauptstadt gekommen waren. Die so offensichtlich an ihrer Sprache, ihren Gebräuchen, ihren Traditionen erkennbaren Ostjuden empfanden sie als Bedrohung ihrer eigenen Akzeptanz in der österreichischen Gesellschaft. Einige unserer flammendsten Gegner kommen aus unseren eigenen Reihen. Die Sichtbarkeit der Ostjuden warf ein generalisierendes Licht auf alle, auf »die Juden«. Davon wollten sich viele der alteingesessenen assimilierten Juden distanzieren, obwohl noch ihre eigenen Großeltern auch nicht anders ausgesehen und gesprochen hatten.

Die kommunistischen Juden betrachteten die aus dem Osten nicht minder verständnislos: Während meiner Gymnasialzeit in den 1960er-Jahren gab es in meiner Schule die Möglichkeit, entweder acht Jahre Englisch oder acht Jahre Russisch zu lernen. Wer Russisch wählte, war im Allgemeinen ein Kind kommunistischer Eltern. Die meisten von ihnen waren jüdischer Abstammung, hatten aber mit dem Judentum als Religion oder Tradition absolut nichts am Hut und vermittelten auch ihren Kindern wenig oder nichts davon. Ihre Religion war es geworden, daran zu glauben, dass der Erfolg des Kommunismus das Ende jeglichen Antisemitismus' bedeuten und sich das Leid der Juden erledigt haben würde.

Als einer meiner Klassenkollegen, ein Kind solch kommunistischer Eltern, bei mir zu Hause zu Besuch war, fragte ihn meine Mutter freundlich: »Ernstl! Ich habe gehört, du bist einer von den Unsrigen!« Er schwieg schüchtern. Erst am nächsten Tag in der Schule sagte er zu mir ganz verwundert: »Ich hab' gar nicht gewusst, dass ihr auch zur Arbeiterklasse gehört!«

Die Juden, die ich in meiner Kindheit in erster Linie wahrgenommen habe und die geprägt haben, wer ich geworden bin, waren die Gestrandeten. Menschen, die nach 1945 aus dem Osten, aus Ländern wie Polen, der Ukraine, Rumänien, der Tschechoslowakei, Ungarn oder Russland, kamen. Nach Wien waren sie zufällig geraten, es hätte genauso gut ein anderer Ort werden können.

Die polnischen Juden aus den Metropolen wie Warschau oder Lemberg waren inmitten einer größeren jüdischen Infrastruktur aufgewachsen. Sie hatten Möglichkeiten. Sie hatten vielleicht an einem jüdischen Gymnasium maturiert oder gar studiert und waren Akademiker geworden. Wie die anderen Gruppierungen blieben auch sie hauptsächlich unter sich und sprachen Polnisch miteinander. Natürlich konnten sie auch perfekt Jiddisch. Die polnischen Großstadtjuden sprachen nur Jiddisch mit den Juden aus dem Schtetl – die hätten jedoch auch perfekt Polnisch gesprochen.

Im Schtetl hatte es zwar kein jüdisches Gymnasium wie in der Großstadt gegeben, aber es gab nicht nur die polnischen Pflichtschulen, sondern auch den Cheder und die Jeschiwes, die religiösen Schulen und Hochschulen. Damit hatten die Schtetl-Juden den Großstädtern wiederum etwas voraus, denn ihr intellektuelles Training im Cheder begann schon im Kleinkindalter.

Diese Stadt-Schtetl-Achse und ihre unausgesprochene Hackordnung gab es genauso im damaligen Ungarn, in Rumänien und den anderen Ostländern.

Traditionell gab es außerdem noch inoffizielle Hierarchien von Landsmannschaften. Auch die blieben im neuen Dorf in Wien erhalten:

Die ungarischen Juden wurden verachtet, weil sie assimiliert waren.

Unter den polnischen unterschied man die aus dem Schtetl, die Jiddisch sprachen, von denen aus der Hauptstadt, die Polnisch sprachen.

Auf die rumänischen schauten alle herunter, so, wie die assimilierten Wiener Juden auf die Gesamtheit der Ostjuden.

Zur Essenz des Jiddischen und somit der jüdischen Kultur gehört der Zweifel am Edlen im Menschen. Dieser Zweifel macht auch vor den eigenen Reihen nicht halt. Ein Galizier, ein Jude polnischen Ursprungs, und ein Rumäne, natürlich auch kein Goj, waren vielleicht Schitwes, also Geschäftspartner, würden sich aber, wie es gute Tradition dieser beiden Völker ist, ständig misstrauen und daher belauern. Wenig liebevoll erklärt sich der Unterschied laut Nicht-Rumänen so:

- Was ist der Unterschied zwischen Rumänen und Galizianern? – Im Prinzip keiner. Beide verkaufen die Mamme, aber der Rumäne liefert nicht.

Die verschiedenen Ostjuden, die in der Nachkriegszeit in Wien aufeinandertrafen, pflegten auch unterschiedliche Traditionen im Gebet:

- Bei jedem Gottesdienst war es dasselbe. Die Galizaner standen beim Schma Israel, dem Gebet »Höre Israel«, auf, die Rumänen blieben sitzen, und jede Seite schwor darauf, dass nur sie die wahre Tradition kannte und ehrte. Jedes Mal brach im Anschluss daran ein heftiger Streit zwischen den beiden Lagern aus. Jedes Mal.
  Eines Tages hielt es der junge Rabbiner nicht mehr aus und ging zu seinem Vorgänger ins Altersheim, um von dessen langer Erfahrung und Weisheit zu profitieren: »Rebbe, was ist die Tradition? Steht man bei Schma Israel auf?« Der Rebbe schüttelte schwach, aber deutlich erkennbar den Kopf. »Aha. Also sitzt man beim Schma Israel«? Abermals schüttelte der alte Rebbe nicht minder deutlich den Kopf. »Ich verstehe nicht. Wenn ich keine Antwort finde, werden die bei jedem Gottesdienst immer weiter streiten!«

Die Augen des alten Rabbiners leuchteten auf, und er sagt: »Pinkt, dus is die Tradition.«

Bei all der Vielfalt ist es also kein Wunder, dass es so viele jüdische Meinungen wie Juden gibt. Man streitet, man beleidigt einander und geht einander sogar zu den Feiertagen aus dem Weg. Das geht uns allen maßlos auf die Nerven, aber gleichzeitig sind wir auch stolz auf unsere gelebte Vielfalt:

- Benjamin Teitelbaum war einer der Passagiere auf der Titanic. Er wurde zu den Ertrunkenen gezählt, aber nach einigen Jahrzehnten auf einer völlig abgelegenen Insel entdeckt und gerettet. Er lebte! Es ging ihm gut! Er war guter Dinge! Stolz führte er seine Retter auf der Insel herum und zeigte, wie er sich die Zeit vertrieben hatte: »Dort drüben ist mein Obstgarten, dort züchte ich meine eigenen Kokosnüsse und Bananen! Da weiter hinten seht ihr meine Gemüsebeete und die Kräuter. Das da links ist mein Haus, in dem ich lebe, mit Nebengebäuden, inklusive Synagoge!« Die Retter waren beeindruckt, und der Kapitän des Rettungsdampfers fragte noch: »Und was ist das Gebäude daneben?« – Benjamin zuckte verächtlich mit den Schultern: »Das ist die Synagoge, in die ich nicht gehe.«

Wo immer es die Ostjuden aus dem Schtetl hin verschlug, so verschieden sie sich entwickelten, Gemeinsamkeiten blieben. Auch das blieb im neuen Dorf in Wien erhalten. Das bedingte schon die bloße Tatsache der beschränkten Größe der Gemeinde, die sich hier zusammenfand, genauso wie das gemeinsame Schicksal und die gemeinsame Vergangenheit:

- Im Pissoir standen zwei Juden nebeneinander und kümmerten sich um die dort übliche Verrichtung, bei der das Ungeschick geschah, dass der eine den anderen nass machte. Sagte der nass Gewordene: »Kommen Sie auch aus Munkács?« Der ungeschickte Pischer war erstaunt: »Woher wissen Sie das?« – Fuhr der Nasse fort: »Geboren, sagen wir ca. 1932?« – »Stimmt! Ich bin 1931 geboren.« – »War der Rabbiner in Munkács zu der Zeit der Grünfeld?« Der Pischer konnte es nicht fassen und staunte immer mehr. »Jetzt bin ich ganz weg. Woher wissen Sie das alles?« – »Ich hatte denselben Mohel.«

Dieses Gemisch an Landsmannschaften mit ihren komplexen Hackordnungen, Eifersüchteleien und Hochstapeleien gestaltete sich trotz zelebrierter Unterschiede und sorgsam gepflegter Innenmauern gleichzeitig als eine homogene Gruppe. Wie eine Parallelgesellschaft zogen sie Außenmauern und abermals Innenmauern auf.

Die Grenzen zu den Nicht-Juden waren naheliegend. Zu viele von ihnen hatten noch am Heldenplatz »Heil Hitler« gebrüllt. Das war die Mehrheit. Es gab aber auch stille Helfer und Helden in der österreichischen Bevölkerung, die unter Einsatz ihres Lebens Juden geholfen oder sogar versteckt hatten.

Die Ostjuden grenzten sich auch von den assimilierten Wiener Juden, den jüdischen Kommunisten oder den sogenannten englischen Juden ab, die den Krieg in England überlebt hatten. Kontakte außerhalb waren lose, die Trennung klar und unbestritten.

Unter sich bildeten sie einen geradezu unnatürlichen Zusammenhalt und halfen einander, wenn es drauf ankam, blind in allen Lebenslagen, auch wenn sie sonst bitter zerstritten waren. Daraus ergab sich diese großartige Atmosphäre von Zugehörigkeit, Sicherheit in aller Unsicherheit, Wärme und Geborgenheit, die dennoch nie langweilig war. Im heutigen Israel erlebe ich die Fortsetzung dieser Tradition. Im Alltag wird man im Straßenverkehr angebrüllt, angehupt, überholt und geschnitten, aber kaum bricht ein Krieg aus, versucht jeder der Erste zu sein, der dem anderen die Vorfahrt lässt.

Das neue Dorf, das die Juden für sich in Wien schufen, hatte alle Strukturen, die Dörfer kennzeichnen: Es war und blieb klein. Zu wenige hatten überlebt. Jeder kannte jeden und war zwangsläufig mit jedem zu irgendeinem Zeitpunkt durch Heirat, Affären, Freundschaften, Geschäfte oder bloße Unvermeidbarkeit der Nähe verbunden. Jeder entwickelte mit jedem eine Vergangenheit, oft auch große Zuneigung. Es war eine erweiterte Familie mit allem, was an dramatischen und über Generationen dauernden Konflikten dazugehörte.

Die für Dörfer typische soziale Kontrolle funktionierte, das kleine Kollektiv unter ständiger Selbstbeobachtung steckte Grenzen, sanktionierte Abweichung, besprach jeden und alles, übersah nichts.

Das soziale Umfeld blieb auch für die nächste Generation beschränkt. Auswahl an Freunden oder gar zukünftigen Partnern gab es kaum. Vielleicht theoretisch, aber es wäre keinem von uns Kindern eingefallen, über diesen unsichtbaren Zaun auch nur in Gedanken steigen zu wollen.

Die Frommen lebten, wie es die heiligen Schriften vorsehen, auf Punkt und Beistrich die Orthodoxie aus, aber zu der Zeit gab es kaum Spaltung zwischen Säkularen und Frommen. Sie waren Teil der ostjüdischen Gemeinschaft, verbunden durch die Distanz zu allen anderen.

Ging es um die Familiengründungen der nächsten Generation, waren Orthodoxe organisierter. Angelehnt an die Methoden der Schadchen im Schtetl, veranstalteten sie länderübergreifende Treffen der erweiterten Gemeinschaft. Die konnten vielleicht in einem Hotel in St. Moritz oder New York stattfinden, aber man blieb unter sich. Mischehen wären der Verbannung aus der Gemeinschaft gleichgekommen.

Aber auch für die Säkularen lief ein klares Programm ab, das keine Zweifel aufkommen ließ, was zu tun war oder wer was zu tun hatte. Die Freunde meiner Eltern waren ausschließlich Ostjuden in ihrem Alter, und auch ich war fast ausschließlich mit Kindern von Ostjuden befreundet. Vielleicht waren bei Kinderjausen einmal zwei, drei andere Kinder dabei, aber wir standen uns nicht nahe. Sie besuchten mich nicht zu Hause und ich sie auch nicht. In der Hakoah, dem jüdischen Sportverein, gab es zwar einige Nicht-Juden, die irgendwie dorthin geraten waren, aber nach einiger Zeit waren sie von den Juden nicht mehr zu unterscheiden. Man erkannte sie höchstens daran, dass sie sich im Jiddeln versuchten, während die Juden Hochdeutsch mit Wiener Akzent sprachen.

Das Verständnis von innen und außen war klar und unbestritten genau wie das Programm, das abzulaufen hatte. Man wuchs im Dorf auf, hatte es besser als die Eltern, sollte gescheiter werden und heiratete dann. Ohne Umwege. Auch ich wohnte bis zu meiner ersten Ehe noch in meinem Kinderzimmer. In der Regel zahlte der Vater der Braut dann die Hochzeit, kaufte die Wohnung, und man setzte dann möglichst bald Kinder in die Welt. Die sollten es noch besser haben und noch gescheiter werden, und dann das Ganze wieder von vorn, ohne Zweifel oder Veränderung. Sich an irgendetwas festhalten zu können, das sich nicht verändert, war Teil der Bewältigungsstrategien in bewegten Leben.

Wie in vielen traditionellen Gesellschaften war das romantische Ideal, die Idee vom individuellen Glück, kein Teil des Konzepts. Es zählte gar nicht zu den Erwartungen. Wer sich unglücklich fühlte, negierte es, mehr noch, es tauchte gar nicht im Bewusstsein auf. Man war weder glücklich noch unglücklich. Man wusste es nicht besser.

Scheidungen waren die Ausnahme, ein Tabubruch. So war es auch noch in meiner Generation. Sich anderweitig zu verlieben, gar scheiden zu lassen, war zumindest bis zum Tod der Generation meiner Eltern so gut wie unmöglich und auch danach nicht einfach. Noch in den 1990er-Jahren wurde eine, auch meine Scheidung mit Ächtung geahndet. Leute gingen auf die andere Straßenseite, und der Oberrabbiner hielt öffentliche Brandreden ob des Verstoßes gegen die Normen des Dorfs.

In den 1950er- und 1960er-Jahren allerdings hatten die Ostjuden noch andere Sorgen. Als stärkste Kraft im Wiener Dorf überwog vor allem eine unbändige Freude am Dasein. Unsere Familie war wie viele andere Familien: Überlebende, Entwurzelte, teilweise orientierungslos, voller Zukunftsängste, aber gleichzeitig entwickelte sich geradezu ein Zwang zum ausgelassenen Feiern. Die meisten fühlten sich zwar hartnäckig weiterhin wie auf der Durchreise, aber solange sie da waren, wollten sie zeigen, dass es ihnen gelungen war, etwas aufzubauen. Sie wollten zeigen, dass sie lebten! Und sie wollten gut leben. Die Frauen kauften sich exquisite Kostüme, Nerze und Brillanten und demonstrierten auf diese Weise, dass sie es geschafft hatten, dass sie zu Wohlstand gekommen waren. Auf Bällen führten die Frauen ihre Brillanten aus, man wollte aufholen, was die allzu nahe Vergangenheit einem genommen hatte.

Mein Vater war Teil dieser Gemeinschaft, aber seinen scharfen Blick hatte er sich bewahrt. Angesichts der vollständig mit Brillanten gezierten Finger einer diesbezüglich besonders emsigen Dame meinte er einmal trocken: »Sie hat zu wenig Finger!«

Ein anderes Mal schüttelte er den Kopf und meinte: »Nicht die Besten sind in Wien geblieben …«

In der »jüdischen Gasse«, wie sich die Gemeinschaft nannte, gingen die Männer zur Arbeit und die Frauen, mit wenigen Ausnahmen wie meine Mutter, blieben zu Hause. Sie führten ein verwöhntes Leben und repräsentierten so den Erfolg der ostjüdischen Zuwanderer. Sie saßen im Café Koralle in der Porzellangasse oder im Prückel am Stubenring und spielten Rummy. Die Männer spielten abends Poker oder gingen ins Casino. In der Freizeit hat man sich getroffen: im Volksgarten, in Jugendorganisationen, im Sportclub. Man ging ins Theater und ins Konzert oder feierte Feste. Viele Feste:

- Reb Joine kommt gerade von einem üppigen Mahl nach einem Gottesdienst, einem Kiddusch, auf dem er ausgiebig Scholet, Kigl und ähnliche schwer verdauliche Köstlichkeiten zu sich genommen hatte. Unterwegs wird ihm plötzlich totenübel, und er bricht mitten auf der Straße zusammen. Zufällig kommt gerade ein Gallach vorbei. Der Pfarrer zieht sogleich erschrocken sein Kreuz hervor und beugt sich über den scheinbar Sterbenden. »Willst du die Letzte Ölung, mein Sohn?« Reb Joine wehrt ab und stöhnt mit letzter Kraft: »Jetzt nur nichts Fettes mehr!«

Auf Urlaub, den man Sommerfrische nannte, fuhr man meistens auch im Winter auf den Semmering:

■ Herr und Frau Friedmann hatten es zu ein bisschen etwas gebracht und fuhren auf Sommerfrische. Ihr Hotelzimmer war schlicht und hatte, wie zu dieser Zeit durchaus üblich, kein eigenes Badezimmer, sondern nur eine Waschschüssel, ein Handtuch und einen Wasserkrug. Das Badezimmer war auf dem Gang und wurde geteilt. Bei der Abreise musste man angeben, ob man das Bad benutzt hatte, was dann extra verrechnet wurde. Als die Friedmanns wieder auscheckten, wurden sie routinemäßig an der Rezeption gefragt: »Haben Sie ein Bad genommen?« Sie waren entgeistert und entsetzt ob solcher Beschuldigungen: »Wieso? Fehlt eins?«

Konventionelles Denken war diesen Menschen unmöglich geworden. Ich erzähle von ihnen mit Liebe und großem Respekt. Auch sie sind Teil dessen, das uns zu dem gemacht hat, was wir als »community of fate« oder »community of faith«, als Schicksals- oder Glaubensgemeinschaft, geworden sind und sein werden. Wie zum Beispiel mein Freund Bigeleisen:

Er war Junggeselle, ein Starker, ein Riese, ein Bär von einem Mann, der, als er noch in Polen lebte, in der jüdischen Halbwelt jemand gewesen war. Zu dieser Zeit hatte es in Warschau eine Art jüdische Mafia gegeben. Schläger, Fälscher, Falschspieler, Zuhälter, das volle Programm. Die Bevölkerung hatte ernsthaft Angst vor ihnen gehabt. Unter den Juden war sogar die Ansicht umgegangen: »Wir brauchen uns vor den Nazis nicht zu fürchten, gegen die jüdische Mafia werden die nichts ausrichten.«

Bigeleisen war ein Insider in dieser osteuropäischen »Koscher Nostra« gewesen, er hatte sie alle gekannt. Hauptberuflich hatte er sich als Künstler-Manager positioniert und sich um Zische Breitbart, den stärksten Mann der Welt, gekümmert. Mit ihm war er von Dorf zu Dorf gezogen, und der Künstler hatte Rohre und dergleichen verbogen. Er war an einer Blutvergiftung gestorben, nachdem er mit der bloßen Hand einen rostigen Nagel eingeschlagen hatte.

Bigeleisen hatte den Krieg nur knapp überlebt. Er war von den Nazis gefoltert worden, hatte aber flüchten können und war auch in Wien gelandet. Dort erkannte er eines Tages meinen Vater und sprach ihn an: »Du bist Pokusch! Du warst Bürgermeister in Jablonica!« In Wien hatte Bigeleisen kein Einkommen. Was einst im weitesten Sinn als sein Beruf gegolten hatte, hatte hier keinen Nährboden mehr.

Also hatte er sich darauf verlegt, mit Judaica zu handeln. Er hatte noch Kontakte in Polen, und so schlug er sich irgendwie durch, indem er alte Gebetbücher oder historische Wälzer verkaufte. Er hatte nicht »Brot auf Hosen«, also nichts, hatte keine westliche Bildung und konnte mehr schlecht als recht Deutsch, eigentlich sprach er halb Jiddisch. Bigeleisen bezog eine minimale monatliche Wiedergutmachung von den Deutschen. Er war weder pensionsberechtigt, noch sonst irgendwie sozial abgesichert. Aber er war immer tadellos angezogen und blieb ein stolzer Mann, der keine Almosen nahm und sich niemals beklagte, obwohl es ihm finanziell wirklich schlecht ging. Mein Vater, mit dem er Jiddisch sprach, lud ihn immer wieder zu uns ein, denn Bigeleisen war einsam.

Eines Tages dozierte Bigeleisen während einer Einladung bei uns eigens für mich über die »Weltgeschichte des jüdischen Volkes« frei nach dem zehnbändigen Werk von Simon Dubnov und sagte gescheite, wirklich imposante Dinge, die er mit einer Menge Jahreszahlen verbrämte. Ich riss die Augen auf, hörte gebannt zu und war beeindruckt. Dieser Mann erschien mir als sehr gebildet. Nach fünf, sechs Sätzen, die ihre Wirkung auf mich nicht verfehlt hatten, drehte er sich grinsend zu meinem Vater und sagte »Nu? Red' ich wie a Professor?« und schüttete dann weiter sein Füllhorn an Weisheiten über mir aus.

Bigeleisen mochte mich, drückte mich immer herzlich, als wäre ich sein eigenes Kind, auch später noch, als ich längst erwachsen war. Und wir mochten ihn genauso. Mein Vater kaufte seine Bücher – ich habe sie noch immer –, damit er sich etwas zu essen kaufen konnte. Das war nicht nur eine gute Tat, eine Mitzwe. Man mochte Bigeleisen einfach.

Auch meine Generation blieb Menschen wie ihm verbunden:
Der praktische Arzt Ludwig Rubin, Wicki, wie wir ihn alle

nannten, hatte Bigeleisen wie selbstverständlich immer kostenlos behandelt. Eines Tages, als der bereits bettlägerig war, kam Doktor Rubin zu ihm auf einen Hausbesuch und fand ihn mit einem akuten Leistenbruch vor. Wicki verständigte die Rettung, fuhr mit ins Spital und musste erfahren, dass man Herrn Bigeleisen nicht aufnehmen konnte, da er keine Sozialversicherungsnummer hatte. Daraufhin öffnete Wicki ohne zu zögern und ohne Aufhebens seine Brieftasche, erlegte ein Akonto, überwies am nächsten Tag weiteres Geld, und Bigeleisen bekam die notwendige Operation.

Ein anderes Mal war ich dabei, als ein Orthodoxer, der seit Jahren ebenfalls nicht versichert war und von Zuwendungen seiner Gemeinde in Wien gelebt hatte, zu Wicki kam. Er behandelte auch ihn aufopfernd, besuchte ihn regelmäßig und erwartete nie ein Honorar. Der Mann wollte aber in irgendeiner Form seine Dankbarkeit zum Ausdruck bringen und schenkte Wicki ein paar alte Schuhe. »Herr Doktor, bitte nehmen Sie die. Sie sind wirklich fast neu, ich hab' sie fast nicht getragen. Es ist höchste Qualität, das Beste, was ich hab'. Bitte nehmen Sie die!« Wicki bedankte sich gerührt und herzlich, packte das Geschenk mit großem Respekt ein und nahm es mit in die Ordination. Wicki hat diese Schuhe natürlich nie getragen, aber er hat sie bis zu seinem viel zu frühen Tod behalten.

Ein anderer Kauz im Wiener Dorf, der mir wie Bigeleisen unvergesslich bleiben wird, war Jontel Fischmann. Auch Fischmann hatte keine Schulbildung im westlichen Sinn. Er war aber sehr wohl ein hochgebildeter Talmud-Gelehrter, der überaus klug mit der in der Jeschiwe trainierten Logik Dingen auf den Grund ging.

Es war üblich, auch in den Weihnachtsferien auf den Semmering zu fahren und dort Chanukka, das jüdische Lichterfest, zu feiern, das zeitlich meist mit Weihnachten zusammenfällt. In Wien waren die Geschäfte geschlossen, bis 6. Jänner gab es wenig zu tun, also zogen die jüdischen Familien ins Hotel Panhans, um »Weihnukka« zu feiern.

Genau genommen feierten die Ostjuden natürlich konsequent Chanukka und nicht Weihnachten. Für sie kam »Weihnukka« nicht infrage, das war eine Schande. Die alteingesessenen Wiener Juden nahmen es nicht so genau. Im Speisesaal des Panhans saßen sie aber alle und hörten sich teilweise widerwillig, teilweise mit höchstem Genuss – oder beidem – Weihnachtslieder an. In jedem Fall waren sie stolz auf die Juden, die diese »christlichen Hymnen« geschrieben hatten. Auf diesem Umweg war es dann gewissermaßen legitim, zu »Let it Snow« von Sammy Cahn oder »White Christmas« von Irving Berlin mitzusummen. Hieß der eine schließlich in Wirklichkeit Samuel Kohn und kam aus Polen, und der andere, Israel Isidore Beilin, war Sohn eines russischen Kantors.

In der ersten Dezemberhälfte begann man in Wien schon langsam zu bangen, ob es wohl genug Schnee am Semmering geben würde, wollten die Kinder schließlich rodeln oder schifahren. Um diese Zeit saß mein Vater im Kaffeehaus. Da kam Jontel Fischmann vorbei, und er fragte ihn: »Nu, Jontel, kommst du auch mit auf den Semmering?« Fischmann sah ihn erstaunt an und fragte zurück: »Warum? In Wien ist dir nicht genug kalt?«

Ein anderes Mal traf mein Vater Jontel Fischmann im Casino. Er war zum ersten Mal da und hörte eine Weile aufmerksam zu, als mein Vater versuchte, ihm die Regeln des

Roulettes zu erklären. Lange Zeit beobachtete Fischmann penibel jede Aktion am Roulettetisch und kam zu seiner Schlussfolgerung: »Regeln interessieren mich nicht. Das spiel' ich nicht.« – »Wieso?«, fragte mein Vater erstaunt. – »Das kann nur fürs Casino ein gutes Geschäft sein. Wenn ein Spieler gewinnt, schiebt man ihm ein kleines Häufchen Jetons hin. Und der Verlust aller anderen Spieler ist jedes Mal so groß, dass der Croupier die Jetons ohne die Schaufel gar nicht abräumen kann.«

Als Fischmann zum ersten Mal mit ins Fußballstadion kam, beobachtete er wieder alles aufmerksam. Auch hier kam es ihm nicht auf die Regeln an. Fischmann dachte logisch. Zunächst wunderte er sich über die vielen schreienden Leute auf den Tribünen und die Spieler auf dem Rasen, die kämpferisch einem Ball nachliefen. Nach einer Weile schüttelte er mit hochgezogenen Augenbrauen den Kopf und sagte: »Ich verstehe das nicht. Warum gibt man ihnen nicht einen zweiten Ball?«

Jontel Fischmann starb an den Folgen eines Terrorangriffs vor dem Stadttempel in der Seitenstettengasse.

Menschen wie Fischmann und Bigeleisen waren und bleiben Teil unserer Schicksalsgemeinschaft – der erweiterten Familie.

Mein Vater war ein mutiger, energischer Mann. Meine Mutter bewunderte er. Da sie bereits in Budapest, außerhalb des Schtetls ihrer Eltern, aufgewachsen war, war sie auf der Odyssee der Ostjuden schon einen Schritt weiter. In Wien war ihr dann das bürgerliche Großstadtflair bereits selbstverständlicher als die Schtetl-Luft, und das zeigte sie auch mit hoch erhobenem Kopf. Sie ging eislaufen, beschäftigte einen Tennislehrer, auch wenn das auf ihr Spiel eher dürftigen Einfluss hatte, und besaß ein Opern-Abo. Oft setzte sie sich ans Klavier und spielte am liebsten Fürelis. Dass das Stück eigentlich »Für Elise« hieß, wusste ich damals noch nicht.

Meine Mutter war im Vergleich zu anderen Frauen ihrer Generation höchst emanzipiert. Ob sie jemals eine Küche betreten hat, ist nicht überliefert. Meinem Vater zollte sie Respekt. Sie war stark, aber trotzdem – oder vielleicht gerade deshalb – funktionierte die Ehe meiner Eltern. Sie begegneten einander auf Augenhöhe.

Doch nach dem Selbstmord meiner Schwester Eva veränderte sich ihre Beziehung völlig. Dass mein Vater Evas Tod nicht verhindern hatte können, bohrte für immer ein schlechtes Gewissen in seine Seele. Nach diesem Einschnitt setzte er noch mehr daran, alles, aber auch alles für meine Mutter zu tun. Sie führten eine völlig unnatürliche Ehe, die nur Harmonie erlaubte und ohne Streit auskam. Stillschweigend hatten sie sich wie Zahnräder ineinander verhakt, um gemeinsam durchs Leben zu gehen. Alltagsentscheidungen traf meine Mutter, Entscheidungen, die längerfristige Konsequenzen nach sich zogen – wo wohnt man, was kauft man, wie legt man Geld an –, gingen von meinem Vater aus.

Mir schenkten meine Eltern eine, soweit es in ihrer Hand lag, vollkommen glückliche Kindheit. Ich habe alles angenommen, habe nie rebelliert, denn es war mir schon damals bewusst, was die beiden geleistet hatten. Sie hatten aus Stroh Gold gesponnen.

Mir war als Kind instinktiv klar, dass meine Eltern arbeiten mussten. Sie gingen in der Früh ins Geschäft, bevor ich aufgewacht war, und kamen zurück, als ich schon schlief. Meine Großmutter, die nach Evas Tod aus Ungarn zu uns gestoßen war, um meiner Mutter in dieser schweren Zeit beizustehen, passte auf mich auf. Was sie genau tat und warum, war mir nicht immer ganz klar. Wenn sie sich hinlegte, um sich auszuruhen, murmelte sie immer Rechenaufgaben vor sich hin, multiplizierte, addierte und war wie von einer akustischen Wolke von Zahlen umgeben. Das war mir so unheimlich, dass ich schon allein deshalb brav war.

Zu Hause sprachen wir Ungarisch, was mein Vater nur mäßig beherrschte, später mischte sich Deutsch in unser ostjüdisches Emigranto. Mit seinen Freunden sprach er Jiddisch. Ich habe es aufgeschnappt und lieben gelernt.

Wie es sich so ergibt für einen kleinen Wiener mit galizisch-ungarischem Migrationshintergrund, der in eine normale österreichische Volksschule geht, war ich nach kurzer Zeit meinen Eltern in einigen Dingen überlegen, zumindest sah das mein Vater so. Ging es im Kern zunächst nur um sprachliche Entwirrung, zu der ich dank meiner besseren Deutschkenntnisse beitragen konnte, wurden mit der Zeit die Grenzen zu meiner vermuteten Rundumkompetenz fließend. Weil es schon so zur Gewohnheit geworden war, mich zu fragen, wurde ich auch früh in Diskussionen über Politik und Wirtschaft einbezogen. Ahnung hatte ich natürlich keine, aber ich hatte das Gefühl, ernst genommen zu werden. Ich trank Coca-Cola und gab mich unwidersprochen gescheit, während meine Eltern zunehmend das Leben führten, das sich für das erfolgreiche Bürgertum schickte.

Besuchten wir im Simpl Vorstellungen von Karl Farkas oder Programme in Gerhard Bronners Neuem Theater am

Kärtnertor – das Jahrzehnte später das stadtTheater walfisch-gasse meiner Frau Anita Ammersfeld werden würde –, erklärte ich meinen Eltern die Pointen, die ich im Gegensatz zu ihnen zumindest sprachlich verstand. Wie selbstverständlich über-setzte ich ihnen legendäre Programme wie »Hackl vor'm Kreuz« oder »Dachl über'm Kopf«. Vieles davon war für meine Eltern wie Kabuki-Theater. Und ich war der kleine Japaner, der es ihnen irgendwie erklärte. Keiner von uns hat es wirklich ver-standen, aber gemeinsam haben wir uns gefühlsmäßig ausge-rechnet, was Sache ist.

»Was habt ihr gehört?«, fragte ich einmal, als sie von einem Konzert nach Hause kamen. »Die Schicksalsserenade«, berich-tete meine Mutter. Serenade, Sonate, Symphonie – wen inter-essierte es?

■ In der Oper, kurz bevor sich der Vorhang hebt, sitzen zwei Bekannte zufällig nebeneinander. Sagt der eine, um sich in höflicher Konversation zu üben: »Schön, Sie zu sehen! Welche Überraschung! Sind Sie musikalisch?« – »Nein. Ich bin Ruven Kalisch, mein Bruder, Mosche Kalisch, sitzt im ersten Rang.«

Viele Sonntagnachmittage verbrachten wir am Cobenzl. Am Sonntagvormittag nahm mich mein Vater meist mit ins Café Schwarzenberg. Ein Teil des Lokals war ausschließlich für die Ostjuden reserviert. Dort saß eine reine Männerrunde, tauschte alte Erinnerungen aus, redete übers Geschäft, diskutierte und stritt. Ich saß dabei und trank Soda Himbeer.

Im Café Weihburg verkehrten die Orthodoxen und in einem koscheren Restaurant am Bauernmarkt, das den bezeichnenden Namen Café Pax trug, der nicht so religiöse Rest, also auch meine Familie.

Nichtsdestotrotz schickten sie mich im Kindergartenalter auch in den Cheder, sicherheitshalber, der im Keller des Café Weihburg angesiedelt war. Meinen Eltern waren unsere Traditionen immer noch wichtig. Es ging ihnen weniger um die Regeln als um die Inhalte unserer Religion und Kultur. Später schickten sie mich zu Nathan Gottlieb, der mich – Elijahu Schmuel – auch ordnungsgemäß auf meine Bar Mitzwa vorbereitete.

Von zu Hause hatte ich, im Gegensatz zu meinen Mitschülern, abgesehen vom Basisprogramm allerdings wenig fundierten religiösen Hintergrund mitbekommen. Meine Familie hielt sich weder streng an den Schabbat, noch nahmen wir es mit einem koscheren Haushalt allzu ernst. Ich schwamm im Cheder nur irgendwie mit.

Eines Tages ging meine Mutter zum streng orthodoxen Melammed, dem Religionslehrer, und erkundigte sich nach meinen Fortschritten. Ein derart frommer Mann hatte für die Auffassung von Religiosität meiner Familie nicht allzu viel übrig. Also zuckte er nur mit den Achseln und meinte: »Was wollen Sie von dem Kind? Der Tatte is a Goj, und er is auch a Goj.« Meine Mutter war empört. »Mein Mann ist doch kein Goj!« Darauf der Melammed in größter Herablassung: »Hält er Schabbes? Isst er koscher?«

In anderen Worten, das erste und letzte Mal in meinem Leben behauptete jemand von mir, ich sei ein Goj.

Meine Bar Mitzwa 1960 fand im Stadttempel statt, die Feier am Abend aber im Café Weihburg. Warum? Weil die Kaschrut dort strenger ausgelegt wurde als im Café Pax und dadurch auch jene Gäste mitfeiern konnten, denen das Pax nicht koscher genug war.

Das Café Pax war eine Mischung aus Kaffeehaus, Restaurant, Bethaus, Schwarzmarkt und jüdischem Gemeindezentrum für die »zuag'rasten«, oft völlig orientierungslosen Ostjuden, die in Wien gestrandet waren. Bis zum Staatsvertrag wurden im Pax auch Geschäfte mit den Besatzungsmächten gemacht. Ich kann mich an angeregte Diskussionen zwischen Stammgästen und Besatzungssoldaten erinnern.

Zu Hochzeiten, Bar Mitzwas, für Kartenpartien oder die hohen Feiertage wurde der Speisesaal des Pax ausgeräumt und zu einer Spielhölle, einem Tanzsaal oder einer Synagoge umfunktioniert. Es vibrierte ein Lebensgefühl, das sich in einem ganz bestimmten Gemisch aus Melodien, Tänzen, Gesprächen in Jiddisch, Gerüchen, dem schweren ostjüdischen Essen und inbrünstigen Gebeten ausdrückte. Das Pax war Zentrum für einfach alles. Ein Bethaus für religiöse Anlässe, ein konspirativer Treffpunkt für Schmuggler, ein Heiratsmarkt, auf dem Junggesellen herumhingen, um Kontakte mit Mädchen aus der Gesellschaft zu knüpfen. Es war alles da, was man brauchte, vom Flipper-Automaten bis zu einer Telefonzelle, in der Gespräche noch angemeldet werden mussten.

Das Pax war auch immer wieder Zielscheibe für Raubüberfälle durch Vertreter der Wiener Halbwelt, die – teilweise sogar zu Recht – vermuteten, dass dort schon einige der Juden Bargeld und Devisen bei sich haben würden. Schwarzmarkthandel war in den Nachkriegsjahren für den Großteil der Bevölkerung in Österreich eine selbstverständliche Überlebensstrategie. Man sprach aber meist nur von jüdischen Schiebern. Auch der österreichischen Polizei war das Pax nicht geheuer, und sie marschierten dort immer wieder auf, um eine Razzia abzuhalten.

Herr Fischer, der Eigentümer des Pax, war von dieser Form der Präsenz in der Lokalpresse wenig begeistert und beschloss irgendwann, dieses Problem ein für alle Mal zu lösen. Er nannte das Lokal um, um es seriöser wirken zu lassen. Fortan hieß das Pax Grillparzerhof. Am Verhalten der Gäste änderte sich – nichts.

- Sagt der Blau zum Grün: »Ich hab' ein Rätsel für dich. Es ist ein zusammengesetztes Hauptwort, der vordere Teil ist ein Vogel, der hintere eine Waffe und zusammen ist es ein österreichischer Dichter. Nu?« Sagt der Grün: »Na sag schon, ich komm' nicht drauf.« Sagt der Blau: »Ist doch ganz einfach: Grillparzer!« Grün ist empört: »Ich bitte dich! Grill ist doch kein Vogel!« – »Na und? Ist Parzer eine Waffe?«

Irgendwann wurde das Café Grillparzerhof geschlossen, und die hohen Feiertage fanden für mich im Hotel Post statt, das einen eigenen Kantor, einen Chasn, aufwies, der die charakteristischen ostjüdischen Melodien so interpretierte, dass sich Menschen wie mein Vater zu Hause fühlten. Eines Tages machte der Chasn Karriere, indem er von der Kultusgemeinde als Oberkantor in den Stadttempel engagiert wurde. Meine Eltern, wie viele andere Ostjuden auch, fanden dadurch auch den Weg dorthin. Einer der Vorgänger von »unserem« Chasn Towje Guttmann, der aus einem Schtetl kam, war Salomon Sulzer, ein Freund von Franz Schubert, der eine neue klassische Form für das Gebet entwickelt hatte und ein bedeutender Komponist für kantorale Musik geworden war.

Die Melodien und Improvisationen, die ich im Ohr hatte, stammten aber eher von Jossele Rosenblatt, dem galizianischen »König der Chasunim«. Ich war völlig irritiert. Das war plötzlich eine ganz andere Welt. Im Stadttempel herrschten Zucht und Ordnung. Der Rabbiner trug eine Art Talar wie ein Richter in einem Hollywoodfilm. Der Oberkantor und der Chor trugen Uniformen und der Tempeldiener eine richtige Livree mit einem Napoleonhut. Ich wunderte mich: War das das Bethaus einer anderen Religion? Sogar eine Kordel war gespannt, um sicherzustellen, dass niemand irgendwo ging oder stand, wo er nicht gehen oder stehen sollte. Der Kantor sang nun die Gebete so wie die urbanen assimilierten Wiener Juden, denen im Lauf der Jahrhunderte die Stadt mittlerweile näherstand als das Schtetl.

■ Der Chasn einer großen Synagoge erzählt eines Tages stolz: »Vor zehn Jahren habe ich meine Stimme auf zehn Millionen Dollar versichern lassen.« Peinliches Schweigen füllt den Raum. Nach kaum erträglichen, ewig langen Sekunden reagiert endlich jemand darauf: »Und was hast du mit dem ganzen Geld gemacht?«

Mit der Zeit fanden sich immer mehr Ostjuden im Stadttempel ein. Nach und nach begannen ihre Erinnerungen an zu Hause, ihre ganz speziellen Traditionen und Bräuche den Stadttempel zu prägen und zu verändern. Ein Großteil der Wiener Juden hatte sich in der Zeit der Monarchie und vor dem Krieg die Ordnung und den disziplinierten

Ablauf der katholischen Messe ein wenig zum Vorbild genommen.

Die Traditionen der Ostjuden aber waren geprägt von Lebensfreude und Individualität im Gebet. Für Nichteingeweihte herrschte bei diesen Gottesdiensten schlichtweg Chaos. Es wurde während des Gebets geredet, laut diskutiert und gelacht, und nur bei gewissen wichtigen Stellen gab man sich konzentriert dem Gebet hin. Beim Gebet Schmoneh Esre, dem Herzstück jedes Gottesdienstes, das man nun aber wirklich ernsthaft beten sollte, wich dann die Kaffeehausstimmung wahrer religiöser Inbrunst.

Wie das Pax, das Hotel Post und das Café Weihburg übernahmen die Ostjuden allmählich den Stadttempel. In gewisser Weise assimilierten die Vorbeter der ostjüdischen Tradition die angepassten Wiener Stadtjuden wieder zurück ins Ostjudentum. Der Einfluss der Ostjuden im Stadttempel brachte umfangreiches Wissen über Religion und »Jüdischkeit« zurück. Auch mein Vater war schon als Kleinkind in einem orthodoxen Cheder geschult worden und hatte neben der säkularen Schule täglich viele Stunden Torah und Talmud studieren müssen.

Meine Generation, die diesen Wissensstand nicht annähernd erreicht hat, konnte da nicht mithalten. Wie auch? Meine Eltern und ihre Freunde waren vollauf mit dem Aufbau ihrer Existenz beschäftigt, und ihre Prioritäten in der Kindererziehung waren auf die Zukunft und damit gegen die zu starke Betonung auf Religion gerichtet.

Pessach ist einer unserer wichtigsten Feiertage. Während des sogenannten Seder-Abends kommt man zu einem Essen zusammen und liest aus der Haggada, jenem hebräischen Text mit »Regieanweisungen«, der die Geschichte des Auszugs der Juden aus der ägyptischen Sklaverei erzählt. Je nach Frömmigkeit dauert das gesamte Ritual mindestens drei Stunden oder gar die ganze Nacht. Erst ungefähr in der Mitte des langen Textes bekommt man endlich etwas zu essen. Man muss schon sehr religiös sein, um das Ritual nach Punkt und Beistrich abzuwickeln – was nicht mehr immer geschieht. Die kürzeste Version geht so: Der Hausherr steht auf, macht Kiddusch, den einleitenden Segensspruch über einem Glas Wein, und sagt: »Sie wollten uns umbringen, wir haben gewonnen, kommt, lasst uns essen. Amen.«

Ich bin nicht religiös, also gehöre ich zu denen, die das gut aushalten, denn für mich ist das Judentum eben mindestens so sehr eine Schicksalsgemeinschaft, wie es eine Glaubensgemeinschaft ist, und das ist es, was für mich wirklich zählt.

In den legendären Schtetln war die Religion allerdings noch inniger und selbstverständlicher mit dem Alltagsleben verwoben, als das später für die meisten von uns der Fall sein sollte. Was wir uns aber gemerkt haben, sind die Geschichten, die uns daran erinnern, und so kommen die Ursprünge, Traditionen und Denkweisen auf Umwegen zur Hintertür doch wieder zurück in unsere Leben. Atheist, der ich bin, bin ich trotzdem froh und dankbar, dass ich sie noch weitererzählen kann.

Ein Gott, mit dem man verhandeln kann

Was das Judentum bis heute von anderen Religionen unterscheidet, ist, dass wir mit unserem Gott verhandeln können. Schon Hiob machte das und brachte es sogar zustande, mit Gott einen Rabatt auszuhandeln. Damit können wir auch heute noch arbeiten, ganz egal, wie religiös wir sind oder auch nicht:

- Eines Tages begehrte der Segensspruch Ascher Jatzar, der nach erfolgreicher Verdauung den Toilettengang beschließt, auf: »Herr«, klagte es, »warum darf ich immer nur nach so einer niedrigen Verrichtung eine Rolle spielen? Womit habe ich das verdient?« Der Herr konnte verstehen, was den Segensspruch bedrückte, und bot ihm einen Kompromiss an. »Also gut, Ascher Jatzar soll ab sofort auch unter dem Hochzeitsbaldachin gesprochen werden!« Ascher Jatzar, der beförderte Segensspruch, war zufrieden und zog ab.

    Nicht viel später, Gott hatte sich kaum umgedreht, um gütig um sich zu blicken, kam ein Gebet daher, Alejnu le Schabeach, das immer nur am Ende eines Gottesdienstes gesprochen wird. »Oh Herr, das ist ungerecht. Ascher Jatzar bekommt Sonderkonditionen? Und was ist mit mir? Warum stehe ich immer nur am Schluss? Womit habe ich das verdient?« Gott war klar, dass er hier einen Präzedenzfall geschaffen hatte, und er diskutierte nicht lange. »Na gut, Alejnu le Schabeach, ich sage dir, ab sofort wirst du an prominenter Stelle im Neujahrsgebet vorkommen, in der Mitte!« Alejnu warf einen triumphierenden Blick Richtung Ascher Jatzar, hatte es nun schließlich einen Platz an einem der wichtigsten Tage im Jahr erreicht.

Gott versuchte gar nicht erst, sich wieder seinem Tagewerk zuzuwenden, denn der Allwissende sah die armen Leute schon Schlange stehen. »Wie ungerecht das ist!«, riefen die armen Leute. »Die reichen Leute stehen in der der Synagoge immer immer immer in der ersten Reihe. Und wir stehen immer immer immer in der letzten. Glauben wir denn weniger an dich? Lieben wir dich denn weniger, oh Gott? Womit haben wir das verdient?« Gott seufzte. »Also gut, von nun an wird sich die Gemeinde bei Lecha Dodi, dem schönsten Gebet der Woche, zur Eingangstür umdrehen und ihr steht dann automatisch in der ersten Reihe!« Auch die Armen zogen zufrieden ab.

Gott seufzte kurz, der Nächste war ein Mammser, ein außerhalb der Ehe gezeugtes Kind. »Meine Eltern haben sich vergnügt, und ich werde mit Schimpf und Schande bestraft. Womit habe ich das verdient?« Das war ein Härtefall, sogar für Gott persönlich. »Hmm«, er verstand auch den Mammser. »Also gut. Ab sofort wirst du Präsident der Kultusgemeinde!«

Man möchte ja glauben, dass es eine gute Sache für alle Beteiligten ist, nicht nur Funktionär, sondern gar Präsident der Kultusgemeinde zu sein. Verlassen sollte man sich aber darauf nicht. Wenn wir schon mit Gott selbst verhandeln können, liegt es ja wohl auf der Hand, dass wir Gottes Funktionären auf Erden schon erst recht mit einer gesunden Portion kritischer Analyse und jederzeit gerne mit produktiven Verbesserungsvorschlägen begegnen:

- Ein Reisender kommt ins Schtetl, um einen Jugendfreund zu besuchen, und fragt einen Passanten: »Wie komme ich hier zu Mottl Seliger?« – »Mottl Seliger? Der Präsident der Kulturgemeinde? Dieser Verbrecher? Dieser Dieb? Vierte Straße links.«

  In der vierten Straße links fragt der Reisende den nächsten Passanten: »In welchem Haus wohnt hier Mottl Seliger?« – »Mottl Seliger? Der Präsident der Kulturgemeinde? Dieser Ehebrecher? Dieser Lügner? Haus Nummer 5.«

  Vor dem Haus Nummer 5 fragt er sich weiter durch: »In welcher Wohnung lebt Mottl Seliger?« – »Mottl Seliger? Der Präsident der Kulturgemeinde? Dieser Betrüger, der Gelder der Gemeinde veruntreut? Zweiter Stock, erste Tür links.«

  Endlich angekommen, begrüßen sich die beiden Jugendfreunde herzlich, und der Reisende fragt: »Mottl! Du bist jetzt Präsident?! Warum machst du das?!« Bescheiden erklärt Mottl: »Zulieb Kuved – der Ehre wegen!«

Betrachtet man die jüdische Geschichte, ist es ein Wunder, dass irgendeiner von uns noch so etwas wie Vertrauen zu irgendjemandem entwickeln kann. Wir machen in unserer Vorsicht auch in unseren eigenen Reihen vor nichts halt:

- Abraham Eilstein war auf der Durchreise und machte sich auf den Weg ins Hotel, wo er die Nacht verbringen wollte. Da es Freitag war und er als Frommer kein Geld bei sich haben durfte, bog er vorher noch ab, um einen Rabbiner zu bitten, sein Bargeld bis Sonntag im Tresor für ihn aufzubewahren.

Rabbi Herzlich tat ihm gern diesen Gefallen, bestand aber darauf, das Geld vor Zeugen in den Tresor zu legen. »Aber nein«, meinte Eilstein, »das ist doch nicht nötig. Ich vertraue dem Rabbiner.« Aber der bestand darauf und rief gleich die Kultusräte Henrik Himmelfarb und Chaskel Guttermann herein, die im Nebenzimmer schon seit Stunden eine Sitzung abhielten. Sie sollten als Zeugen die Geldübergabe bestätigen. Eilstein bedankte sich bei allen, ging ins Hotel und kehrte am Sonntag zurück zum Rabbiner, um seine 10 000 Gulden wieder aus dem Safe zu holen.

»Wer sind Sie?«, fragte ihn Rabbi Herzlich verwundert. – »Wie bitte? Ich habe vorgestern vor Zeugen mein ganzes Geld in deinem Safe deponiert. Was soll das heißen? Gib mir mein Geld zurück!« – »Wovon sprichst du? Ich habe überhaupt keinen Tresor. Tresor! Was für ein Tresor?«

Eilstein wurde blass. »Es waren doch zwei Zeugen dabei, Himmelfarb und Guttermann. Du hast sie eigens hinzugerufen!« Der Rabbi sah Eilstein an wie einen Irren, schüttelte den Kopf und rief die beiden herein. Himmelfarb wie Guttermann bestätigten einhellig: »Wir haben diesen Mann noch nie im Leben gesehen und schon gar keine 10 000 Gulden.«

Die beiden gingen wieder. Abraham Eilstein fühlte einen nahenden Herzinfarkt, aber Reb Herzlich ging zum Tresor, holte das Geld heraus und gab es Eilstein mit einem Lächeln zurück. Der verstand nun endgültig die Welt nicht mehr und murmelte mit brechender Stimme: »Ich verstehe nicht …« Herzlich sah Eilstein resignierend an und hob die Hände. »Ich wollte dir nur zeigen, für welche Ganuvim, welche schrecklichen Gauner, ich gezwungen bin, Rabbiner zu sein.«

Rabbiner haben auch eine Ratgeberfunktion und stehen vor Erwartungen höchster Weisheit, die sie zu erfüllen haben, wenn Gemeindemitglieder mit ihrer eigenen Weisheit am Ende sind:

- Eines Tages in einem Schtetl kommt ein Mann zum Rabbiner und schildert ihm die Leiden seiner Ehe mit einer Klafte, einer Xanthippe: »Dauernd keift sie, sie kocht mir nichts – und wenn, dann schnappt sie sich das saftigste Stück. Das Haus ist ein Chaos, die Kinder vergammeln …« Der Rabbiner hört aufmerksam und geduldig zu, nickt verständnisvoll und sagt schließlich mit einem Seufzer: »Du hast recht! Du hast vollkommen recht!« Zufrieden zieht der Mann von dannen.
  Noch am selben Tag kommt die Ehefrau angelaufen: »Rebbe! Ist es wahr, du hast gesagt, er hat recht? Er hat dir das sicher völlig falsch geschildert. Jetzt hör aber mir zu! Er hot nisch kejn Parnusse, bringt kein Geld nach Hause, sitzt den ganzen Tag im Haus herum und macht nichts, er schickert …« Der Rabbiner hört auch ihr aufmerksam und geduldig zu und sagt schließlich: »Du hast recht! Du hast vollkommen recht!« Und auch sie zieht zufrieden von dannen.
  Der Schammes hat die Gespräche belauscht und schüttelt den Kopf. »Quod Harav, verehrter Rabbiner, was machst du da? Die kommen zu dir, um eine weise Ent-

scheidung von dir zu bekommen. Du kannst doch nicht beiden sagen, dass sie recht haben!« Der Rabbiner hört auch ihm aufmerksam zu, denkt lange nach und sagt schließlich: »Weißt du was? Du hast auch recht!«

Ungläubigkeit, Skepsis, Zweifel und Hinterfragen sind die Essenz des jüdischen Seins, Glaubensfragen eingeschlossen. Denken ist in unserer Kultur nicht nur erlaubt, sondern erwünscht. Das Überleben des Judentums hat von dieser Haltung profitiert und ist vielleicht auch daraus entstanden:

- Eines Tages erschien dem Rabbiner ein Malach, ein Engel, und machte ihm ein unwiderstehliches Angebot: »Du hast die Wahl, Reb Shloime. Gott hat dich aufgrund deiner Mitzwes auserwählt. Du hast zwei Möglichkeiten«, sagte der Malach, »entweder bekommst du ein großes Vermögen oder du erhältst alle Weisheit dieser Welt. Was willst du haben?« – Der Rebbe entschied sich spontan ohne nachzudenken für die Weisheit und ging nach Hause in sein Stibl. Dort blieb er. Die ganze Nacht. Den ganzen Tag. Noch eine Nacht. Noch einen Tag. Aß nichts. Trank nichts. Und kam und kam nicht mehr heraus. Die Kehille machte sich schon langsam Sorgen. Es hatte sich in der Gemeinde herumgesprochen, dass ein Malach ihrem Rebbe alle Weisheit dieser Welt geschenkt hatte, und die Neugier war naturgemäß groß.
  Nach einer Woche kam der Rebbe endlich wieder heraus, mit Talles und Tfillen, den Gebetsriemen, blass, abgemagert, mitgenommen, aber mit verklärtem Blick. »Nu, Rebbe? Was weißt du jetzt?!«, fragten sie ihn. Reb Shloime

gab von sich einen Sifz und einen Krächz und sagte: »Ich weiß jetzt, dass ich das Geld hätte nehmen sollen!«

Da wir mit unserem Gott verhandeln können und Denken immer erlaubt und sogar erwünscht ist, wen wundert's dann, wenn alles Mögliche dabei herauskommt und der eine oder andere brave Jude dann schon mal auch in religiösen Angelegenheiten über die Stränge schlägt:

- Schlojmele aus Munkács war ein braver Familienvater. Er hatte Kinder aufgezogen und auf den rechten Weg gebracht, kümmerte sich rührend um die Enkel, er war immer gut zu seiner Rifka, freundlich zu den Nachbarn, anständig im Geschäft und ging täglich in die Synagoge.

Aber, als er so etwa 85 Jahre alt war, veränderte er sich. Er wurde krank, immer kränker, lag nur noch im Bett, und, das war das Schlimmste, man konnte es kaum fassen, er wollte sich schmatten, also taufen lassen und katholisch werden. Die ganze Kehille hatte nur eine Erklärung dafür: Schlojmele war ausgeweppt, anders als mit Verkalkung war diese Meschiggass nicht zu erklären. Rifka hoffte, dass sich das wieder legen würde, aber dem war nicht so. Schlojmele beharrte darauf, ein Katholik werden zu wollen.

Der Familienrat tagte. »Wir können doch nicht zum Gallach gehen«, warnte Judah, Schlojmeles Sohn. »Das ganze Schtetl wäre entsetzt. Diese Schande! Und wenn er bei klarem Verstand wäre, würde er das auch nicht wollen.« Darüber waren sich alle einig. Aber was tun? Nach langer Beratung, fiel Sara, der Tochter, schließlich eine Lösung ein. »Ich hab's. Ich borge mir aus einem Kloster so ein

katholisches Gewand aus und ich werde ihn schmatten.«
Die ganze Familie war begeistert. Das war die Lösung, das
musste die Lösung sein. Alles andere war indiskutabel.

Also ging Rifka zu Schlojmele und sagte zu ihm: »Mein
geliebter Mann, wie könnte ich einen deiner Wünsche
nicht erfüllen. In fünf Minuten kommt jemand und wird
dich schmatten.« Und schon klopfte es an die Tür. Mit
schwacher Stimme rief Schlojmele: »Wer is du?« Ent-
schlossen tönte Sara in ihrem Habit: »Ech, die Nunn!«

Wer hätte gedacht, welche ganz neue Bedeutung diese alte
Geschichte eines Tages für mich noch bekommen sollte – als
meine Frau Anita in ihrem Theater in dem Stück »Zweifel«
von John Patrick Shanley pinkt als Nonne auf der Bühne stand:
sozusagen als doppelte Fehlbesetzung.

Zu den jüdischen Archetypen aus dem vergangenen Schtetl, denen wir bis heute in den orthodoxen Gemeinden von Mea
Shearim in Jerusalem bis Brooklyn, New York, und natürlich in
jüdischen Witzen und Anekdoten begegnen, gehört unverzicht-
bar der Jeschiwebocher. Sein Leben besteht darin, die religiösen
Texte zu lesen, zu lernen, zu diskutieren und vielleicht irgendwann einmal ansatzweise zu verstehen. Alles andere ist sekun-
där. Am Jeschiwebocher wie an seinen frommen Vorbildern geht
alles vorbei, das sich verändert. Oder aber, wenn etwas nicht in
seine Welt gehört, interpretiert er es entsprechend, damit sein
Universum wieder stimmig ist. Die zahllosen Geschichten über
ihn stehen auch wie ein Kürzel für das im Judentum essenzielle
Element des Lernens und die mitunter nicht weiter nützlichen
Konsequenzen einer Überdosis an Wissen.

Hauptberuflich sitzen die Jeschiwebocher in der Jeschiwe und studieren den Talmud. Weil der sehr kompliziert ist, sitzen sie meist nebeneinander und erklären einander, was Sache ist. Man sagt einen Satz auf Hebräisch, taatscht ihn, das heißt, man übersetzt ihn auf Jiddisch, und diskutiert dann darüber, ebenfalls auf Jiddisch. So ungefähr zieht der Großteil der Tage eines frommen Mannes in Ausbildung ins Land:

- Sitzen zwei Jeschiwebocher in der Jeschiwe und übersetzen sich klassische Gedichte. »Die Bürgschaft« war dran. Sagt der eine: »Zu Dionys – eppes a Numen … dem Tyrannen – a beser Melach … schlich … isses sich geschlochen … Damon – eppes an anderer Numen … den Dolch im Gewande – den Cherev im Malbesch … was willst du mit dem Dolche, sprich – wus haste gewollt mitn Messer, red …«
  In dem Moment kommt der Rabbiner herein und wundert sich. »Was machst du da?« Der angesprochene Jeschiwebocher schaut ihn triumphierend an: »Ech taatsch ma den Schiller!«

Zu dieser Übersetzung muss man sich noch vorstellen, dass der grobbe Finger, der Daumen, beim Erklären in einem Viertelkreis von unten nach oben geführt wird, um der eigenen Argumentation Stärke und Bedeutung zu verleihen, wie überhaupt die Mimik und Gestik, das Reden mit den Händen, aus dem Jiddischen nicht wegzudenken sind:

- Der Jeschiwebocher hat in der nächsten großen Stadt zu tun. Er kommt an eine große Kreuzung und sieht zum ersten Mal einen Verkehrspolizisten, der für ihn völlig unverständliche Armbewegungen macht. Aufmerksam und ratlos beobachtet er ihn. Schließlich erkundigt er sich bei einem Passanten: »Mit wem redet er?«

Jeschiwebocher lernen. Hauptberuflich. Denken, Hinterfragen, Argumentieren, komplexe Logik Verstehen oder wenn nötig Erfinden, sind ihr täglich Brot. Aus diesen komplizierten Gedankengebäuden, konstruiert aus Wissen, Denken und Intelligenz, entsteht auch diese ganz besondere Logik, die ihre eigene Komik zur Folge hat:

- Zwei Jeschiwebocher diskutieren eine – natürlich – bedeutende logische Frage. Sagt der eine: »Wovon wird eigentlich der Tee süß? Vom Zucker oder vom Umrühren?« Sagt der andere: »Was für eine Meschiggass! Natürlich vom Zucker.« – Ein Jeschiwebocher, der nicht widerspricht? Gibt's nicht. »Das kann nicht stimmen«, entgegnet er. »Wenn man nicht umrührt, bleibt der Tee doch bitter. Also kommt die Süße vom Umrühren.« Und umgehend widerspricht der andere: »Wozu gibt man dann Zucker in den Tee?« – »Damit man weiß, wie lange man umrühren muss.«

Die Zeit verging, und irgendwann griffen schön langsam auch im Schtetl erste Zeichen der Moderne um sich, die Telekommunikation zum Beispiel. Natürlich konnte man sich mithilfe des Vertrauten auch das Unbekannte taatschen:

- Zwei Jeschiwebocher klärten: »Wie funktioniert Telegrafie?« – »Ganz einfach: Stell dir ein riesiges Pferd vor«, gab sich der andere wissend. »Der Schwanz von dem Loschek ist in Minsk und das Maul in Krakau. Wenn man das Pferd in Minsk fest am Schwanz zieht, dann wiehert es in Krakau.« – »Aha, und wie funktioniert dann drahtlose Telegrafie?« – »Ganz einfach: Dasselbe ohne Loschek.«

Und als man sich der Moderne annäherte, begann man ihre Errungenschaften auch zu nutzen:

- Chaim Moskovits stand hoch konzentriert im Telegrafenamt und arbeitete an einem ausgefeilten Text für ein Telegramm. Die Botschaft war wichtig, die Logik ausgeklügelt argumentiert, er war nicht umsonst auf der Jeschiwe gewesen. Dann ging er zum Schalter und sagte ganz so, als würde er das täglich machen: »Einmal telegrafieren. Nach Lemberg, bitte.«
  Die Beamtin analysierte aufmerksam den Textentwurf und errechnete die Kosten: »100 Kronen.« – Chaim war irritiert. »Was? Das kann ich nicht zahlen. Was ist die billigste Lösung? Mein Telegramm ist wichtig.« – »Fünf Worte«, bekam er lapidar zur Antwort. – »Mehr nicht?!« Chaim war konsterniert, aber was sollte er machen? Also schrieb er sein Telegramm um: »Macht euch Sorgen, Brief folgt.«

Es leben natürlich die wenigsten Juden so fromm wie die von Weitem an Kaftan und Pajes erkennbaren Orthodoxen. Zum Glück ist das Judentum auch eine sehr bodenständige Religion, die auch der großen jüdischen Mehrheit, die es mit der Religion nicht ganz so streng nimmt, zugutekommt. Auch sie nutzen sie als verhandel- und diskutierbaren, aber nicht minder umfassenden Leitfaden durchs profane Alltagsleben.

Jeder kennt den Satz »Das ist nicht koscher« und verbindet damit etwas, das nicht in Ordnung ist. Manche wissen vielleicht noch, dass es irgendetwas mit Juden zu tun hat. De facto bezieht sich koscher in erster Linie auf die religiösen jüdischen Speisegesetze. Im Wesentlichen geht es darum, dass Fleisch- und Milchprodukte nie gemeinsam zu einer Speise vermengt und verzehrt werden dürfen.

Tiere müssen außerdem auf bestimmte Weise geschlachtet werden, damit das Blut möglichst vollständig herausgeflossen ist und das Fleisch als koscher gilt. Das wird von Rabbinern stets überprüft. Mit den technischen Möglichkeiten der Gegenwart können diese Kontrolleure nun sogar feststellen, ob Gelatine von Schweinen, Rindern oder Pflanzen stammt.

Die Idee, fleischige und milchige Speisen zu trennen, wird von der Vorstellung abgeleitet, dass es grausam wäre, ein Lamm in der Milch der Mutter zu kochen. Wer sich dran hält, lässt einige Stunden vergehen, bevor er entweder die eine oder andere Sorte Lebensmittel zu sich nimmt.

Natürlich kommen da noch weitere Komplikationen dazu wie das Verbot, Schweinefleisch oder Krustentiere zu verzehren, während eine bestimmte Sorte von Fischen, nämlich die, die Schuppen und Flossen hat, jederzeit auch zu milchigen Speisen gegessen werden darf, weil sie als parve, als neutral, gilt.

Das Grundprinzip ist aber an sich nicht so kompliziert. Ein Mahl kann milchig sein oder fleischig, und wenn es das nicht ist, ist es trefe, nicht koscher, oder parve, neutral.

In orthodoxen jüdischen Haushalten legt man allerdings größten Wert darauf, es sich nicht so leicht zu machen. Es werden also oft zwei Kühlschränke, zwei Spülbecken und zwei Garnituren Geschirr verwendet, jeweils für milchige und fleischige Speisen.

Der Ruhetag in der Woche, der Schabbat oder Schabbes, der am Freitagabend mit Sonnenuntergang beginnt, wird, wenn man sich daran hält, sehr ernst genommen und strotzt von Verboten, um die verlangte Ruhe bis Samstagabend sicherzustellen. Genauso geht es bei Feiertagen zu: Man darf beispielsweise nicht arbeiten, kein Feuer machen, also auch keine Stromquelle anknipsen, nicht kochen, nicht telefonieren, kein Geld bei sich tragen und auch sonst keine Gegenstände tragen.

Aber wo ein Verbot, da eine kreative Umgehung. Innerhalb der eigenen vier Wände ist es erlaubt, etwas zu tragen, und damit die eigenen vier Wände nicht so eng sind, gilt ein von einer Schnur abgegrenztes Gebiet, der Eruv, das ein ganzes Stadtgebiet umfassen kann, als erweiterter Raum, innerhalb dessen man sehr wohl zum Beispiel eine Tasche tragen oder einen Kinderwagen schieben darf.

Zum Schabbes gehört auch der Schabbesgoj, also ein Nicht-Jude, der sich nicht an diese Auflagen halten muss und all diese nötigen Tätigkeiten übernehmen kann. Allerdings darf man es ihm nicht auftragen, so eine Umgehung der Verbote wäre zu offensichtlich. Man darf nur davon profitieren, falls es dem Schabbesgoj – rein zufällig – von selbst einfallen sollte, zum Beispiel das Licht auf- oder abzudrehen. Sollte einem orthodoxen Juden – rein zufällig – der Stoßseufzer »Ach, es ist so dunkel hier« auskommen und der Schabbesgoj hört das – rein zufällig – und dreht das Licht auf, wäre das in Ordnung. In unserem technologischen Zeitalter werden natürlich auch elektronische Gojim wie zum Beispiel Zeitschaltuhren eingesetzt.

Bei einem Aufzug genügt eine Zeitschaltuhr dann nicht mehr, aber auch dafür gibt es Lösungen, den sogenannten Schabbeslift. Der fährt gleich einem Paternoster ununterbrochen und bleibt in jedem Stockwerk stehen. Damit ist der Komfort gesichert und den religiösen Anweisungen ebenfalls Genüge getan.

Die Kreativität im Umgehen des die Bequemlichkeit einschränkenden religiösen Regelwerks ist beeindruckend. So dürfen Orthodoxe, die das ernst nehmen, im Prinzip am Schabbat keinen Kühlschrank öffnen. Also fand ein findiger Rabbiner eine Lösung voll atemberaubend komplizierter Logik: »Wenn ich einen Kühlschrank aufmache, kommt Wärme hinein, und dann springt der Motor an. Das ist verboten, weil ich am Schabbes ja keine Maschinen bedienen darf. Aber! Wenn der Motor bereits läuft, war es nicht ich, der ihn angeworfen hat, er arbeitet sowieso schon. Dann darf ich den Kühlschrank aufmachen. Ich muss also nur warten, bis der Motor von selbst anspringt und erst dann die Türe öffnen. Kühlschrank, erstes Problem gelöst. Zweites Problem: Mache ich den Kühlschrank auf, geht ein Licht an. Das wäre ja so etwas Ähnliches wie Feuer machen, das darf ich am Schabbes auch nicht. Also klebe ich das Licht im Kühlschrank doch einfach ab. Dann mache ich kein ›Feuer‹, und alles ist gut.«

Wer immer diese orthodoxe Logik nicht versteht, gehört zur Mehrheit. Obwohl, ich muss zugeben, dass mich dieser Sophismus schon beeindruckt und mir die investierte Kreativität gefällt.

Gottgefälliges Leben und Pragmatismus haben sich noch nie ausgeschlossen:

– Der größte Saal in der Schil von Przemysl war zum Bersten gefüllt. Die ganze Kehille war schon seit Wochen aufgeregt und drängte sich jetzt begierig zu den besten Plätzen. Die Spannung wuchs. In nur wenigen Minuten würde der berühmte Rabbi Meir aus Lublijn auf das Podium kommen und zu ihnen sprechen. Er war auf einer Rundreise durch Galizien, um von der von ihm gegründeten, nicht minder berühmten Jeschiwe zu berichten, die jeder, der etwas auf sich hielt, in ganz Galizien unterstützte. Endlich war es so weit, und Reb Meir begann seine Rede. Sie war sehr klug. Sehr kompliziert. Sehr interessant und faszinierend. Alle lauschten mit aufgerissenen Augen, offenem Mund, gespitzten Ohren und voller Ehrfurcht. Man hätte eine Stecknadel fallen hören.

Auch der kleine zehnjährige Avremel hatte mitkommen dürfen zu dem großen Ereignis, saß in der ersten Reihe und hörte aufmerksamer als alle anderen zu. Mit Leidenschaft und Sejchel analysierte der berühmte Rabbi mit scharfem Verstand sein Thema, und auch wenn nicht wirklich viele genau verstanden, was er sagte, die Begeisterung war groß. Man spürte einfach, dass man hier einen der ganz Großen vor sich hatte!

Nach eineinhalb Stunden war die beeindruckende Rede zu Ende, alle waren sichtlich begeistert und drängten sich an den berühmten Redner, um zu jenen Glücklichen zählen zu können, die die Gelegenheit hatten, ihm auch persönlich die Hand zu schütteln. Als der erste Andrang langsam nachließ und der Rabbi schon wieder zurück zu seiner Jeschiwe musste, bemerkte er beim Hinausgehen den kleinen Avremel, der dem Schauspiel von der Tür aus zusah.

Reb Meir ging auf den Kleinen zu. Er war ihm schon vom Podium aus aufgefallen, und er hatte sich gewundert, dass der Bub so lange durchgehalten hatte, wo seine Rede doch ein beträchtliches Vorwissen vom Publikum voraussetzte. »Nu, hast du meine Drusche verstanden?« – »Dachz ech mech, dachz ech mech«, antwortete Avremel artig, »der Rebbe schnorrt Gelt fir die Jeschiwe.«

Reb Meir nickte vielsagend und meinte nach einer kurzen Pause: »Ech gloib, di bist der Ajnzige fin die Jidden, wus hot verstanden die Drusche!«

Na gut, heute würde man Fundraising sagen, aber das ist doch glanzlos profan im Vergleich zur Aufregung und Bewunderung, die ein Reb Meir noch hervorrufen konnte.

Eine Mitzwe ist einerseits ein religiöses Ge- oder Verbot, andererseits eine gute Tat oder eine Untat, auf die man verzichtet. Das Gebot »Ehre Vater und Mutter«, Fasten zu Jom Kippur oder die Ablehnung eines Bestechungsversuchs sind Mitzwes. Nur bei der Definition, was eine Mitzwe ist, gibt es wieder einmal Bandbreiten:

- Herr Finkelstein starb und hatte gleich eine Vorladung zu Gott am Hals, der seufzend den Kopf schüttelte. »Finkelstein, Finkelstein, was mach' ich mit dir? Wie soll ich dich ins Paradies lassen? Du hast dein ganzes Leben, dein ganzes Leben nur Mitzwes gemacht. Finkelstein! Das geht doch nicht! Das ist nicht menschlich! So passt du nicht ins Paradies. Ich schick' dich jetzt zurück auf die Erde, dann strengst du dich gefälligst an und sündigst zumindest einmal!«

Finkelstein kehrte gottergeben zurück, ging ratlos in seinem alten Viertel auf und ab und hielt Ausschau nach Sünde. Er versuchte, einen Apfel zu stehlen, es gelang nicht – der Obsthändler erkannte ihn und schenkte ihm den Apfel. Er versuchte zu fluchen, es gelang ihm nicht – alle Leute, die er traf, begrüßten ihn so herzlich und respektvoll, es ging nicht.

Endlich traf er eine junge Prostituierte, lud sie in ein Hotel ein und verbrachte mit ihr eine fantastische Nacht. In der Früh wachte er befriedigt und zufrieden auf und freute sich schon aufs Paradies. Wohlig seufzend räkelte sich die junge Frau neben ihm im Bett und verkündete: »Oj, Herr Finkelstein, haben Sie mir getan eine Mitzwe!«

Wieder nichts.

Nicht nur kann man sich nie so ganz sicher sein, worin eine Mitzwe eigentlich besteht, auf der Empfängerseite von Mitzwes zu sein, ist auch nicht einfach, denn man will ja gottgefällig bescheiden bleiben:

- Meschulam, ein Jeschiwebocher, war auf dem Weg nach Hause in die entfernte Stadt, um dort mit seiner Familie die Feiertage zu verbringen. Nach einem langen Fußmarsch war er langsam ziemlich erschöpft. Also klopfte er in Jechupetz an die Tür eines jung verheirateten Rabbiners.

»Ich bin müde und hungrig, kann ich bei dir übernachten?« Der Rabbiner nahm ihn natürlich auf, wies ihn aber gleichzeitig darauf hin, dass er ihm nicht allzu viel zu bieten hätte. Platz war knapp, Geld war knapp, Essen auch. »Du kannst in meinem Bett schlafen, und ich werde mich in das Bett meiner Esther legen. Ich kann dir eine halbe Portion Scholet geben und morgen die andere Hälfte, damit du für die Weiterreise gestärkt bist, aber mehr habe ich leider nicht.«

Der Jeschiwebocher war dankbar, aß die erste halbe Portion und ging schlafen. Während der Nacht wurde der Rebbe zu einem Kranken ins Nachbardorf gerufen. Meschulam war von dem Geräusch aufgewacht und stand nach einigen Minuten schließlich auf, schlich leise zum Bett der jungen Rebbetzen, der Frau des Rabbiners, und fragte sie leise mit behutsamer Stimme: »Darf ich?« Die junge und außergewöhnlich hübsche Rebbetzen lächelte. »Ja, du darfst! Aber beeil dich! Er kommt bald zurück.«

Meschulam war zwar etwas verlegen, bedankte sich aber artig. Dann rannte er wie ein Blitz in die Küche und schlang gierig die zweite halbe Portion Scholet hinunter.

Am Ende des Tages waren und sind wir eine Schicksalsgemeinschaft in allen, aber auch in allen Lebenslagen. Dazu gehörte auch immer schon, dass man einander hilft. Das ist keine Option, sondern ein Gebot:

- Jankele kommt ganz aufgeregt zum Rabbiner: »Rebbe, Rebbe! Moische ist verhungert! Darauf der Rabbiner: »Das ist unmöglich. Wäre er zu mir gekommen, hätte ich ihm Geld gegeben, damit er sich etwas zu essen kaufen kann.« – »Dazu war er viel zu stolz.« Darauf der Rabbiner: »O! Dann ist er an Stolz gestorben, nicht an Hunger.«

- Ein anderes Mal, kurz vor Pessach, kam Ruven zum Rabbiner und bat um Rat. »Darf man den Segensspruch mit Milch statt mit Wein sagen?«, fragte er. Daraufhin gab ihm der Rabbiner Geld.
  Der Schabbes-Goj bekam das mit. Er kannte sich zwar ein wenig mit jüdischen Gebräuchen aus und wusste, dass es so etwas wie koscheres Essen gab, wo man milchige und fleischige Speisen nicht mischen durfte, aber das verstand er nicht: »Wieso gibst du ihm Geld? Er wollte doch nur wissen, ob Segenssprüche und Milch zusammenpassen.« Der Rabbiner schüttelte den Kopf und erklärte: »Wenn er milchig Pessach feiert, hat er doch kein Geld für Fleisch.«

- Familie Fleißig wusste nicht, welchen Bedürftigen sie heuer als Mitzwe zum Seder einladen sollte, wie es die Tradition verlangte. Sie hatten einfach zu spät daran gedacht. Woher sollten sie jetzt so kurzfristig einen passenden Gast nehmen? Ben Fleißig machte kurzen Prozess, ging auf die Straße und brachte den Blinden, der immer auf der Bank am Hauptplatz saß, mit nach Hause. Wieder ein Problem gelöst.

Der Seder beginnt, und es kommt zum ersten Segensspruch auf die Mazzes. Der blinde Gast hatte ganz offensichtlich noch nie in seinem Leben mit Mazzes zu tun gehabt und tastet vorsichtig und etwas misstrauisch die raue Oberfläche sorgfältig von rechts nach links ab und fragt schließlich kopfschüttelnd: »Wer hat denn diesen Blödsinn geschrieben?«

Aber auch Juden selbst haben manchmal ihre liebe Not mit den Mazzes:

- Ruven läuft aufgeregt zum Rebben und berichtet ihm mit Entsetzen: »Hast du schon gehört? Pinkas weigert sich, zu Pessach Mazzes zu essen! Du wirst es nicht glauben …« Er senkt wie ein Verschwörer seine Stimme und flüstert dem Rebben ins Ohr: »… er isst Brot!«

  Der Rabbiner bleibt völlig gelassen und beauftragt Ruven, zu Pinkas zu gehen und ihn zunächst einmal einfach zu fragen, was ihn zu dieser unfassbaren Tat bewogen hat. Ruven atmet tief durch und tut, wie ihm geheißen: »Pinkas, ich muss mit dir reden. Der Rebbe will wissen, wieso du keine Mazzes isst. Was ist los mit dir?« Pinkas wirft ihm einen verächtlichen Blick zu und sagt: »Sag dem Rebben, ich scheiß auf Mazzes!«

  Jetzt hat Ruven ein neues Problem. Wie sollte er das dem Rabbiner auf angemessene Weise übermitteln? Also gibt er die Botschaft einfach Wort für Wort so weiter und harrt auf Gottes Zorn, der nun wohl aus den Wolken prasseln würde.

  Der Rebbe hingegen nickt versonnen und fragt nach

einer langen, nervenzerfetzenden Pause: »Pinkas scheißt auf Mazzes? Komisch. Weil mich stopft das.«

Ob der Rabbiner sich einfach davor drücken wollte, die Provokation zur Kenntnis zu nehmen, oder ob er das ernst gemeint hat, werden wir nie erfahren.

Mein Vater und ich

Ich hatte eine wunderbar gestörte Beziehung zu meinem Vater. Er hat mir immer das Gefühl gegeben, dass ich etwas Besonderes bin, und wollte mich glauben lassen, dass ich gescheiter sei als er. Er fand alles richtig, was ich tat, und bewunderte mich. Seine Überschätzung meiner Person nahm zu, je älter er wurde. Für ihn war ganz klar, dass ich alles erreichen würde. Als ich später tatsächlich Erfolg hatte, war das für ihn nur die Bestätigung dessen, was er ohnehin schon immer gewusst hatte.

A Jingele wus hot schojn alle Zejndelach
un wet mit Massel bald in Cheder gejn
un lernen wet er Chumesch un Gemure,
soll wejnen wen di Mamme wigt im ejn?
A Jingele wus lernen wet Gemure,
ot stejt der Tatte, kwellt un hert sich zu.
A Jingele wus wachst a Talmud-Chochem,
lost ganze Nächt der Mamme nicht zu Ruh.

Ein kleiner Junge, der schon alle Zähne hat
und der mit Glück bald in die Schule geht,
der lernen wird Talmud und Torah,
weint, wenn die Mutter in den Schlaf ihn wiegt?
Ein Junge, der den Talmud lernen wird. Sein Vater wird ihn hören voller Stolz und sein Glück kaum fassen können.
Ein Junge, der den Talmud lehren wird, lässt Nächte lang der Mutter keine Ruh'.

(Text und Musik Mordechaj Gebirtig, deutsche Übersetzung vom Autor)

117

Die bedingungslose Liebe, die meist Müttern zugeschrieben wird, bekam ich von meinem Vater. Vor meiner Mutter zu bestehen, war schwieriger. Ihre Lebensgeschichte hatte sie anders geformt. Sie war stets auf der Hut, argwöhnisch, kritisch und kämpferisch.

Während meiner Mittelschulzeit ging mein Vater zum ersten und letzten Mal zu einem Elternsprechtag. Ich saß zu Hause und hatte Angst, was er dort zu hören bekommen würde. Ich ahnte, dass sich zumindest zwei Lehrerinnen über mich beschweren würden. Dann kam mein Vater zurück. Wutschnaubend. Mir blieb fast das Herz stehen. Aber dann rief er aus: »Diese zwei Beschtien!« Für ihn stand außer Frage, dass ich unschuldig war. Sein Leitspruch war: »Deine Noten sind mir egal. Hauptsache, du bist der Beste!«

Meine Mutter handhabte so etwas anders. Einmal schrieb sie einen Brief an meine Englischlehrerin: »… und so ersuche ich Sie höflichst, meinen Sohn Erwin nicht durchfallen zu lassen! Das Kind hat so viel mitgemacht.«

Ich war bestimmt kein jugendlicher Rebell. Meine erste zarte Auflehnung kam während meiner Midlife-Crisis Anfang dreißig. Ich kaufte mir ein Motorrad. Mein Vater war verzweifelt, aber das wollte er mir natürlich nicht zeigen. Da stand ich in nun in voller Montur mit dem Motorrad vor seiner Haustür. Ich läutete und bat ihn herunterzukommen: »Nu, was sagst du?« Der Anblick war durchaus sehenswert. Ich hatte mein nagelneues Motorradgewand aus schwarz glänzendem Leder an und stand, wie ich meinte, höchst lässig neben der nagelneuen Maschine, die ich laut meinem nagelneuen Führerschein auch bedienen konnte. Mein Vater schaute mich für einen

Moment schweigend an. Er wollte mich zwar nicht kränken, aber auch keinesfalls ermutigen.

Bei meinem Anblick im Halbstarkenmodus mit Motorrad schüttelte er nachdenklich den Kopf und fragte leise: »Und was ist, wenn man dich so sieht?«

Es dauerte nicht lang, und ich verkaufte das Motorrad wieder.

Manchmal denke ich mir, alles, was ich an Nützlichem weiß, habe ich direkt oder indirekt an der Hand meines Vaters von seinen Geschichten gelernt. Hätte ich den Mut für meinen beruflichen Weg gehabt, wenn ich diesen Schatz an Geschichten über Gordische Knoten lösende Kreativität in scheinbar hoffnungslosen Situationen nicht immer im Hinterkopf gehabt hätte? Schon lange bevor Beruf ein Thema war, war ich in der ostjüdisch geprägten Lebensschule und ihrer Sichtweise darüber, wie man sich in der Welt bewegt und wie Menschen ticken.

Auf diese Weise habe ich auch gelernt, was man nicht wissen muss. Wenn es beispielsweise in der Wohnung einen Kurzschluss gab, wusste mein Vater nicht, wo sich der Sicherungskasten befand, und schon gar nicht, wie man eine Sicherung auswechselte. Er fand aber für jedes Problem eine Lösung. Ging das Licht aus, ging er zum Hausmeister, gab ihm Schmattes, und der Strom war wieder da. Ein Ikea-Möbel zusammenzubauen, hätte ihn überfordert. Mich auch.

Von ihm lernte ich auch die Besonderheiten jüdischer Verständigung in all ihren bunten Facetten. Aus dem Schtetl entwickelten sich eine eigene Etikette und Eloquenz, hinter der sich ein Mikrokosmos an Ursprüngen, Bedeutungen, Befindlichkeiten und prototypischen Lebensverläufen verbirgt.

Nicht nur im Umgang mit Gott, auch im zwischenmenschlichen Umgang lehrt die Schtetl-Tradition bestimmte Gepflogenheiten, wie man sich kennenlernt, sich an Feiertagen benimmt oder unangenehme Dinge zwar deutlich, aber doch höflich vermittelt:

Wenn man jemandem zum ersten Mal begegnet und ihn näher kennenlernen will, empfiehlt sich zunächst einmal die Einstiegsfrage: »Schulem alechem. Vin wannet kimmt a Jid?« Das heißt in etwa: »Friede sei mit dir. Woher kommst du?« Diese Frage signalisiert, dass das Gegenüber mindestens folgende relevante Daten bekanntgeben möge: Name, Adresse, Familienstand, Anzahl der Kinder, Alter und Heiratsfähigkeit derselben, Leichen im Keller, Einkommen, Beruf, Krankheiten, Mitgliedschaft und Stellung in der örtlichen Kultusgemeinde. Selbstverständlich erwartet sich der frisch Verhörte, ohne sich eine Gegenfrage abmühen zu müssen, umgekehrt dasselbe. Der Beginn einer wundervollen Freundschaft.

Um diese bereits im Vorfeld verprasste Zeit wieder einzusparen, grüßt man bis heute einen guten Bekannten, der diese Aufnahmeprüfung bereits bestanden hat, mit »a gittn«. In anderen Worten: Einen-guten-Tag-wünsche-ich-Ihnen-Wie-geht-es-Ihnen-heute-Was-macht-Ihre-Gesundheit-Was-machen-Ihre-Kinder-und-die-Enkel-und-die-zukünftigen-Enkel?

■ Zwei Männer sitzen in einer Bar in Brooklyn und starren benommen in ihre Gläser. Schließlich seufzt der eine tief, mustert seinen Nachbarn und informiert ihn: »Wir haben dieselben Schuhe. Wo haben Sie die gekauft?« – »Bei Bloomingdale's. Ich kaufe alles dort.« – »Wirklich? Ich

auch! Wo kommen Sie her?« – »Ich bin in Newark aufgewachsen. Meine Bar Mitzwa hatte ich in der Bnai Abraham Schil.« – »Nein! So ein Zufall! Wie ich! Haben Sie
auch studiert?« – »Ja, auf der Columbia.« – »Das trifft sich
gut. Ich auch. Und was haben Sie studiert?« – »Architek-
tur.« – »Das gibt es doch nicht. Genau wie ich! Ich bin
auch Architekt, aber ich mache etwas anderes.« – »So wie
ich. Ich habe ein Antiquitätengeschäft.« – »Das darf doch
nicht wahr sein. Sie werden es nicht glauben. Ich habe
auch ein Antiquitätengeschäft! Auf der Madison.« –
»Nein! Dort ist auch meines!«

Der Barkeeper kann nicht länger an sich halten und
sucht Trost bei einem anderen Gast. Gequält flüstert er:
»Ich weiß nicht, wie ich diese Nacht durchstehen soll. Die
Rosenbergzwillinge sind schon wieder angeschickert.«

Zu den Feiertagen investierte man damals wie heute wieder
etwas mehr Zeit und Worte, aber »Git Jontev« war immer
schon ein guter Anfang. Das heißt so viel wie »Guten Feiertag« und ist in Wirklichkeit ein Pleonasmus, denn das hebräi-
sche »jom tov« bedeutet wörtlich übersetzt »guter Tag« (und
implizit somit einen Feiertag). Auf Jiddisch fand dann eine
Verballhornung von »jom tov« auf »Git Jontev« statt, womit
man auf Jiddisch dann gleich zweimal einen guten Tag
gewünscht hat.

Am Schabbat wünscht man sich »git Schabbes« bzw.
»Schabbat Schalom«, am Schabbes nach Sonnenuntergang »a
gitte massldike Woch«.

Zu den hohen Feiertagen, dem Neujahrsfest Rosch ha-
Schanah und am Versöhnungstag Jom Kippur, ist auf Jiddisch

»a git gebenscht jur«, ein gutes, gesegnetes Jahr, oder auf Hebräisch »Schanah Tova« angebracht. Zu Chanukka und Purim reicht ein schlichtes »Chanukkah sameach« bzw. »Purim sameach«.

Die Feiertage sind immer noch etwas Besonderes, wo man auch die weniger religiösen Juden verlässlich zu Gesicht bekommt:

- Der alte Schmuel-David Eisenreich spazierte traurig durch die Stadt. Er fühlte sich einsam. Seine Chawe-Gittel lebte nicht mehr, die Kinder waren längst aus dem Haus und im Ausland, die Enkel kannte er gerade noch von Fotos. Schmuel-David ging in Gedanken vor sich hin und konnte keine Freude fühlen. Da kam er bei einer Zoohandlung vorbei. In der Auslage saß ein großer bunter Papagei und rief: »Oj Gewalt! Dus Leben is asoj schwer!«
  Schmuel-David war perplex. Ein Papagei, der ihn verstand und das so sagen konnte? Er ging in die Zoohandlung und fragte den Eigentümer nach diesem seltsamen Tier. »Das ist ein sehr intelligenter Vogel«, meinte der, »aber leider spricht er nur diese eigenartige Sprache, die so klingt wie Mittelhochdeutsch, die aber kein Mensch versteht. Sonst wäre der ein Vermögen wert. Ich kann Ihnen das Vieh für einen guten Preis überlassen.«
  Schmuel-David musste nicht lang überlegen. Er kaufte den Papagei und nahm ihn gleich mit. Es war kaum zu bemerken, aber irgendwie lag um seine Mundwinkel ein kleines Lächeln, und er nannte den Vogel, der ihn so gut verstand, nach seinem seligen Vater Moische. Auch der

gefiederte Moische hatte seinen Seelenverwandten gefunden. Ein paar Tage später schon gab es kaum noch ein Thema, zu dem Moische nicht etwas Kluges zu sagen wusste. Schmuel-David blühte auf. Im Lauf der Zeit brachte er Moische dann auch noch Beten bei, er bastelte ihm sogar winzige Tfillen und nähte ihm seinen eigenen Talles. Moische lernte im Handumdrehen, sich die Tfillen um die Krallen und den Talles mit Schwung ums Gefieder zu legen, und schon bald fand es Schmuel-David geradezu absurd, dass er mit Moische zum Beten nicht in die Synagoge gehen sollte. Da kannte er Menschen, die schlechter vorbeteten als sein Moische!

Gleich nach Rosch ha-Schanah, eine Woche vor Jom Kippur, ging er dann mit dem Vogel in die Synagoge. Die Gemeinde staunte nicht schlecht, als sie Schmuel-David mit einem riesigen rot-grünen Federvieh auf der Schulter daherkommen sahen. »Der kann beten, da könnt Ihr euch was abschneiden«, erklärte er stolz. Alle lachten.

»Wollt Ihr wetten?«, fragte Schmuel-David siegessicher. Die drei Kultusräte, die am lautesten gelacht hatten, sahen hier kein Risiko und legten als Erste Geld hin. Die anderen folgten, und nach kurzer Zeit lag ein kleines Vermögen auf dem Tisch, das Schmuel-David Lügen strafen sollte.

Jetzt tuschelte er Moische ins Gefieder: »Nu, bete jetzt!« Erstmals in all der Zeit, wo sie sich kannten und täglich gemeinsam gebetet hatten, rührte sich Moische nicht. Der Vogel bewegte sich nicht, er sprach nicht, er legte keine Tfillen und keinen Talles an. Nichts. Wie ausgestopft. Schmuel-David blieb fast das Herz stehen. Er flehte den Vogel an, wieder und wieder, er weinte fast, er schüttelte ihn sogar ganz verzweifelt, aber nichts.

Unter dem Gelächter der Gemeinde ging Schmuel-David mit Moische auf der Schulter wieder nach Hause. So traurig war er nicht mehr gewesen, seit Moische und er sich gefunden hatten. »Jetzt habe ich Schulden. Und was für welche! Und du hast mich zum Gespött der ganzen Kehille gemacht. Warum tust du mir das an! Ich habe geglaubt, du bist mein Freund.« Er war so enttäuscht. Am liebsten hätte er den Gefiederten von seiner Schulter geschubst. »Hast du gesehen, wie hoch die gewettet haben?« Erstmals seit Stunden machte Moische den Schnabel wieder auf: »Hab keine Angst. Warte nur auf die Quoten zu Jom Kippur!«

Traditionell verwenden Juden keine Schimpfwörter. Nicht, weil wir alle ausnahmslos so gut erzogen wären, sondern weil Flüche viel kreativer sind. Der Unterschied? Flüche sind ganze Sätze, meist Gleichnisse, die in wenigen Worten Geschichten erzählen, und wirklich gute haben auch noch eine Pointe:

- »Für mich bist du eine Agrarfrage!« – »Eine Agrarfrage? Wieso??!« – »Ich wünsch dich unter die Erde!«

    Oder: »Berühmt sollst du werden – eine Krankheit soll man nach dir benennen.«

    Oder: »Alle Zähne sollen dir ausfallen, bis auf einen, und der soll dir ewig wehtun.«

    Besonders perfid sind Flüche, die mit guten Wünschen beginnen: »Du sollst ein Schloss besitzen mit tausend Betten. Und du sollst jede Nacht in einem anderen Bett, in einem anderen Raum schlafen und jeden Morgen aufstehen, eine andere Treppe hinunterschreiten und zu einem anderen Arzt fahren, der dich auf tausend Krankheiten untersucht und nicht und nicht herausfindet, was dir fehlt.«

Um die Unhöflichkeit zu vermeiden, jemanden einfach so nach dem Alter zu fragen, verpackt man in guter Schtetl-Manier seine Neugier in einen Segensspruch, eine Bruche: »Wi alt is der Jid bis hindertinzwanzig?« Das ist nicht nur eine Frage, sondern auch ein guter Wunsch. Das muss man nebst der hohen Schule des Fluches wissen, um die folgende Geschichte zu verstehen und völlig logisch zu finden:

- In einem Prozess fragt der Richter den jüdischen Angeklagten: »Wie alt sind Sie?« Sagt der Angeklagte: »57 bis 120!« Der Richter ist verwirrt und fragt: »Was soll das heißen? Geben Sie mir ein Beispiel, dass ich verstehe. Ich bin 48. Wie würden Sie das in Ihrer Sprache ausdrücken?« – »48 bis 49, Herr Rat.«

Die jüdisch geprägte Ausdruckskraft schöpft aus dem Jiddischen, das oft mit minimalistischen Äußerungen auskommt, die auf komplexen Vorgeschichten basieren, nicht aber ohne Mimik und Gestik.

Unkundige glauben vielleicht, dass sie, wenn ihnen ein paar jiddische Ausdrücke wie »Massl«, »Zores«, »Tineff«, »Tachles reden« oder »Mezijes« geläufig sind, schon alles wissen, was es über Jiddisch zu sagen gibt. Da soll man aber lieber nichts verwechseln. Jiddisch ist eine mehr als tausend Jahre alte, vielschichtige, eigenständige Sprache, die, fast ebenso lang totgesagt, bis heute überlebt hat und immer noch gesprochen wird. Das ist ein großer Unterschied zum – höchst beleidigenden – Jiddeln, dem Nachmachen des Akzents Jiddisch sprechender Juden. Jiddisch hat es sogar zu Literaturnobelpreis-Ehren gebracht, wie Isaac Bashevis Singer unter Beweis stellte.

Im Jiddischen lassen sich ganze Leben und tiefe Schichten an unausgesprochenen Hintergründen in einigen wenigen bilderreichen Worten unmissverständlich ausdrücken:

- Schalom Asch, der berühmte jiddische Dichter, nahm an einem Linguistikkongress teil. Die Sprachexperten gaben ihr Bestes, um die Kollegen von der Überlegenheit der jeweiligen Sprache, die sie vertraten, zu überzeugen: Der Franzose hielt einen leidenschaftlichen Spontanvortrag über die Musikalität, die raffinierte Schönheit und die unvergleichliche Einzigartigkeit des Französischen. Der Anglist rümpfte in kaum merkbarem Understatement die Nase und merkte an, wie das Englische in seiner scheinbaren Einfachheit nicht nur die romanischen, sondern auch die indogermanischen Sprachen in meisterhafter Eleganz in sich vereinte. Der Deutsche fand das wenig witzig und pochte flugs auf die unerreichten Komplikationen der deutschen Grammatik. Schalom Asch hörte bescheiden und voll Bewunderung zu. Als ihn die Kollegen zwar höflich, aber doch recht herablassend aufforderten, über die Vorzüge des Jiddischen zu referieren, antwortete er sanft: »Men farstajt jedes Wort.«

Ehrlicherweise muss man sagen, dass verstanden zu werden, nicht in allen Fällen vorausgesetzt werden kann, zum Beispiel, wenn man sich nur auf Worte verlässt, die aber über ihre ursprüngliche Bedeutung hinausgewachsen sind: In manchen orthodoxen Gemeinden ist es seit dem Mittelalter Brauch, »kapure zu schlugn«, also ein Sühneopfer zu bringen. Das bedeutet, dass man zwischen den Feiertagen Rosch ha-Schana und Jom Kippur ein Huhn über dem Kopf eines Sünders schwingt und eine Bruche sagt, woraufhin, so glaubt man, dessen Sünden auf das Tier übertragen werden – gewissermaßen eine Vorstufe zur Psychoanalyse. Das Geflügel hat dann eine weitere Karriere als Festtagsbraten vor sich. In weniger orthodoxen Kreisen werden heutzutage Sühneopfer symbolisch und praktischer, nämlich mit einer Geldspende, abgewickelt. »Ojf kapures« bedeutet aufgrund dieses Aberglaubens nun heute so etwas wie »das ist zu nichts gut« oder »völlig überflüssig«.

Was man noch wissen sollte, ist, dass eine Gegenfrage mehr als eine Frage ist. Dann allerdings wird die folgende Geschichte vollkommen logisch:

- Ein ausschließlich Jiddisch sprechender Mann steht vor Gericht und wird beschuldigt, ein Pferd gestohlen zu haben. Der Dolmetscher fragt im Auftrag des Richters: »Angeklagter, haben Sie ein Pferd gestohlen?« – »Ech hob geganvet a Pferd??« Der Dolmetscher dreht sich zum Richter und übersetzt wörtlich: »Ich habe ein Pferd gestohlen!« – »Warum haben Sie ein Pferd gestohlen?«, will der Richter wissen. »Ech hab geganvet a Pferd?? Ech darf a Pferd??« Der Dolmetscher übersetzt wieder geflissentlich Wort für Wort, aber ohne Beachtung der unerlässlichen Fragezeichen: »Ich habe ein Pferd gestohlen! Ich brauche ein Pferd!« Der Richter versteht kein Wort. »Wozu haben Sie das Pferd gebraucht?«

Der Angeklagte schreit aufgebracht, immer fassungsloser: »Ech hab geganvet a Pferd?? Ech darf a Pferd?? Ech darf a Pferd oif kapures!« Der Dolmetscher: »Ich habe ein Pferd gestohlen! Ich brauche ein Pferd! Ich brauche ein Pferd für ein Sühneopfer!« Der Jude erhielt mildernde Umstände, weil er »geständig« war und wurde zu nur fünf Jahren Kerker wegen schweren Diebstahls verurteilt.

Auf Jiddisch kann man sich sehr differenziert ausdrücken, ohne viele Worte dafür zu benötigen. Ein vielschichtiges Repertoire an Gesten und Mimik ist allerdings unerlässlich:

- Ein Tourist irrt ziellos durch die große Stadt und hält einen Einheimischen auf, der wohl gerade vom Markt kommt. Jedenfalls hat er zwei pralle Wassermelonen unter seine Arme geklemmt. »Entschuldigen Sie bitte!«, fragt der Tourist, »Wo ist hier der Bahnhof?« – Freundlich bleibt der Einheimische stehen und bittet: »Können Sie mir einen Augenblick die Melonen halten?« – Der orientierungslose Reisende tut, wie ihm geheißen wird. Vielsagend zuckt der Einheimische dann mit den Schultern, breitet bedauernd seine Arme, Handflächen nach oben, aus und gibt Auskunft: »Ech weijss??«

Jüdische Eloquenz lebt nicht zuletzt davon, mit wenigen Worten viel zu sagen. Was sage ich, mit wenigen Silben. Was sag ich, mit wenigen Buchstaben. Was sag ich – mit einem einzigen Buchstaben!

- Ein Mann sitzt im koscheren Restaurant und beschwert sich griesgrämig beim Kellner: »Kosten Sie die Suppe!«
Der Ober, gelangweilt und desinteressiert: »Ist sie versalzen? Zu wenig gesalzen? Zu heiß? Zu kalt? Zu suppig??!«
Darauf der Gast wütend und laut: »Machen Sie sich nicht lustig über mich! Kosten Sie die Suppe!!«
Entgegnet der Ober: »Und wo ist der Löffel?«
Darauf der Gast: »O!«

- In einem Kaffeehaus brach ein Mann beim Kartenspiel tot zusammen. Seine schockierten Freunde berieten, wer nun seiner Witwe die traurige Nachricht überbringen sollte. Ein Freiwilliger wurde gefunden, klopfte an die Wohnungstür, rang nach Worten und versuchte, der Ehefrau des Verstorbenen die traurige Nachricht schonend in Etappen beizubringen: »Ihr Pinkas kann leider nicht nach Hause kommen ... Er ist verhindert ... Beim Pokern steht gerade ein Vermögen auf dem Spiel ...«
An dieser Stelle verlor die erboste Ehefrau die Fassung und schrie: »Der Ganev verliert wieder unser ganzes Geld. Der Schlag soll ihn treffen!«
Darauf erwiderte der Freund: »O!«

Es gibt Persönlichkeiten, die sich im Jiddischen sogar ihre eigene Typenbezeichnung erarbeitet haben. Damit kann man vereinfachend auf einige Basiseigenschaften schließen und hinweisen, die ein Ganev, Nudnik, Untam, Nebbich, Mejwn, Schmock, Sabre, eine Klafte, Schickse oder Mamme mit hoher Wahrscheinlichkeit haben. Zum Beispiel:

Der arme Nudnik wird oft als etwas gesehen, das mit der Bezeichnung gar nicht gemeint ist: Er ist kein Luftmensch, kein Tagträumer, der nur gelegentlich Einkünfte hat und von der Luft lebt. Der Nudnik ist auch kein Oberchochem, kein Besserwisser. Ein Nudnik ist in erster Linie ein Langweiler und daher eine Nervensäge, ein Quälgeist, ein Nörgler. So wie der hier:

■ Kommt ein Mann zum Arzt und klagt: »Herr Doktor, ich habe ein großes Problem: Stellen Sie sich vor, ich führe Selbstgespräche!« – Der Arzt unbeeindruckt: »Das ist ja nichts Besonderes. Das machen viele. Sogar ich.« – Der unverstandene Patient schüttelt traurig den Kopf: »Aber Herr Doktor, Sie verstehen nicht: Ich bin doch, nebbich, ein Nudnik!«

Ein Ganev ist ein Dieb, ein schlauer Kerl mit Neigung, andere zu täuschen, ihnen Streiche zu spielen. Diese Geschichte basiert auf der galizischen Grundannahme, dass ein Rumäne ein besonderes Talent dafür hat, ein Ganev zu sein:

■ Ein Galizianer begibt sich auf Sommerfrische. Schon am ersten Tag ruft ihn aufgeregt sein Geschäftspartner, ein Rumäne, an: »Ein Unglück ist geschehen! In der Nacht hat man eingebrochen und das ganze Geld aus der Kassa gestohlen! Wus soll ech tin?« – Darauf gelassen und trocken der Galizianer: »Leg es zurick arajn.«

Ein Untam und ein Nebbich sind leicht zu unterscheiden: Der Untam lässt alles fallen, der Nebbich hebt alles auf.

Komplizierte Talmud-Studien, mit denen sich Generationen um Generationen über Jahrhunderte geplagt haben, münden irgendwann in pragmatisch verkürzten Ausdrucks-, Denk- und Verhaltensweisen, mit denen man auf die Herausforderungen des Alltags reagiert. Deren Logik kann sich einem auf den ersten Blick zuweilen entziehen. Jene Logik, bei der um die Ecke gedacht wird, die, wenn nötig, einen Salto schlägt und ganz woanders aufkommt, als man meinen möchte, ist eines dieser Ergebnisse. Bei so viel Übung kann es schon passieren, dass wir manchmal logischer sind, als es die Situation unbedingt erfordern würde:

▪ Nach einem schweren Unwetter fahren zwei Juden in die nächste Stadt. Auf der einzigen Zufahrtsstraße kommen sie plötzlich nicht mehr weiter. Ein riesiger Baum ist umgefallen und blockiert die Straße. Die beiden steigen aus und betrachten die Sachlage.

»Hm«, meint der eine. »Schwierig. Aber, wenn wir umdrehen und circa zwanzig Minuten südöstlich fahren und dann leicht nördlich, dann könnten wir das Hindernis umfahren.« Sagt der andere: »Nein. Ich habe eine bessere Idee. Wir nehmen einen Keil ...« Sofort unterbricht ihn sein Freund. »Und woher nimmst du einen Keil?« – »Also gut, nicht Hebel, sondern Hydraulik. Wenn wir Wasser hätten ...« Auch mit dem Gedanken kommen sie nicht weiter. Die beiden stehen zehn Minuten, zwanzig Minuten, eine halbe Stunde und klären, entwerfen einen komplexen Plan nach dem anderen und weiter ist keine Lösung in Sicht.

Da nähern sich zwei Bauernburschen aus dem Nachbarort, die beim selben Hindernis zum Stehen gekommen sind, grüßen freundlich am Weg zum umgestürzten Baum, heben ihn mit einem Ruck auf, werfen ihn zur Seite und fahren weiter. Die beiden Juden beobachten das Geschehen und sehen einander sinnend an. Schließlich rümpft der eine die Nase und sagt: »Naja, mit Gewalt …!«

■ Der Rabbiner aus dem Schtetl muss eine Dienstreise ins Nachbardorf antreten und braucht einen Balegule. Überraschenderweise ist der Kutscher auch kurzfristig noch verfügbar.

Der Rabbiner will gerade einsteigen, da bittet ihn der Balegule, er möge doch noch ein Weilchen neben der Kutsche gehen, bis das Pferd sich aufgewärmt hätte. Nach einer halben Stunde versucht der Rabbiner abermals, in die Kutsche zu steigen. Der Kutscher aber sieht ihn nur vorwurfsvoll an: »Seht Ihr nicht die Steigung hier? Das arme, alte Pferd soll sich wohl zu Tode schinden? Helft ihm! Schiebt a bissele!«

Der Rabbiner ergibt sich seinem Schicksal, steigt weiterhin nicht ein und schiebt.

Nach einer Weile führt die Straße bergab und der Rabbiner sieht seine Stunde gekommen. Nicht so der Balegule. »Was macht Ihr? Die Kutsche ist doch schon schwer genug. Stemmt Euch lieber dagegen, damit das Pferd nicht überrollt wird!«

Und so geht die Reise weiter. Nach einigen Stunden kommen sie endlich im Nachbardorf an, der Rabbiner zahlt pflichtschuldigst den Fuhrlohn und fragt den Balegule bescheiden: »Es war sehr schön, aber sagt mir: Wozu haben wir den Loschek gebraucht?«

Meschigge ist ein unentbehrliches Gedankengebilde. Das Wienerische hat daraus das beliebte meschugge abgeleitet, wie es ja auch sonst ohne Quellenangaben eine Reihe von Ausdrücken aus dem Jiddischen übernommen hat wie zum Beispiel Beisl vom hebräischen Wort Bejt für Haus. Wie in den meisten anderen Sprachen stößt auch der deutsche Wortschatz an Grenzen, wenn es darum geht, die vielen Facetten des Abwegigen zu beschreiben. Man kann sagen, jemand ist verrückt, wahnsinnig, schwachsinnig oder deppert. Oder man kann sich ins Klinische retten und sich medizinischer Ausdrücke wie Paranoia, Schizophrenie oder anderer Krankheitsbilder bedienen. Das war's dann aber auch schon.

Nicht so im Jiddischen. Hier haben wir eine vielfältigere Auswahl, die sich zu meschigge hinzugesellt: »zerdrejt«, »zerriedert«, »vermischt«, »a Mensch wus kriecht ojf die gleiche Wänd«, »a Zerdrillter«, »a Zerhotzkerter«, jemand ist vielleicht »zerstrudelt« oder »varkaloschet«, man kann auch sagen, es fehlt ihm »a Klepp im Mojach«, eine Schraube im Hirn. Aaaaah, diese Auswahl!

Auch Ejzes, die ebenfalls in den Wiener Wortschatz eingeflossen sind, haben ihren Ursprung im Jiddischen. Man konnte sie immer schon brauchen:

■ Eines Tages kommt zu Joine, dem Rabbiner in Mikulicin, der Gallach aus Kolomäa, dem Nachbardorf. Sagt der Gallach: »Reb Joine, ich brauche den Rat eines Kollegen. Bei mir wird dauernd eingebrochen. Vor einer Woche wurde der Opferstock zum sechsten Mal geplündert, vor einem halben Jahr wurde die Pfarre ausgeraubt, gestern haben sie meiner Haushälterin den Sparstrumpf gestohlen, eine wertvolle Ikone aus dem 18. Jahrhundert vermisse ich schon seit Monaten, und aus dem Keller ist der ganze Messwein verschwunden. Was soll ich tun? Wird bei euch Juden auch so viel gestohlen?«

Der Rabbiner streicht sich den Bart, nickt, überlegt, sinniert. Hochwürden beobachtet ihn gespannt und wartet auf eine Inspiration des Kollegen. Schließlich sagt Reb Joine ganz sanft und bescheiden: »Wir haben eine Mesuse an unseren Türpfosten angebracht.« Hochwürden ist verwirrt. Reb Joine seufzt und erklärt: »Ihr wisst doch, dieses schiefe Ding an der Tür, das alle Juden immer küssen, bevor sie in ein jüdisches Haus gehen. Darin befindet sich eine heilige Schriftrolle, und die beschützt das Haus vor Diebstählen. Außerdem signalisiert es: Hier wohnen Juden. Also wird kein Jude – hoffentlich – einem anderen Juden Leid zufügen wollen, und die Nicht-Juden fürchten sich vor dem heiligen Zorn des jüdischen Gottes.« Der Gallach versteht und ist begeistert. »Kann ich so etwas auch für meine Kirche und das Pfarrhaus haben?« Reb Joine verzieht kaum eine Miene, holt hilfsbereit zwei Mesuses, küsst sie vorsorglich und gibt sie dem Kollegen von der katholischen Fraktion.

Wochen ziehen ins Land, und Reb Joine beschließt, einen Gegenbesuch beim Pfarrer in Kolomäa. Der begrüßt ihn herzlich und führt ihn im Pfarrhaus herum. Die Mesuse hängt vorschriftsmäßig am rechten Türpfosten, und dennoch kommt dem Rabbiner der Gallach nicht sehr glücklich vor. »Hochwürden«, fragt Reb Joine, »hat es geholfen? Wird noch eingebrochen?« – »Eingebrochen? Keineswegs! Und gestohlen wird auch nichts. Trotzdem bin ich nicht zufrieden. Es ist viel schlimmer geworden.« – »Wieso das?«, fragt der Rebbe. Der Gallach seufzt tief. »Jetzt kommen die Schnorrer!«

Wird ein Jude überrascht, war er erschrocken oder schockiert, konnte es gut sein, dass er die Auswirkungen der Geschehnisse mitteilte, indem er sagte: »Es is mir geworn schwarz far di Ojgn!« Das würde er natürlich auch nicht ohne passende Gestik, Mimik und Dramatik sagen, womit auch jeder zufällig anwesende Taubstumme ebenfalls ausreichend informiert wäre.

Was wir Juden im Lauf der Jahrhunderte gelernt haben, sind nicht zuletzt Bewältigungsstrategien, mit denen wir uns in den widrigsten Situationen immer noch zumindest einen letzten Rest an Hoffnung, Humor oder Kreativität retten:

- Berele, der fleißige Schneider, saß im Zug auf dem Weg nach Hause. Er hatte gerade mehrere Anzüge geliefert und hatte daher ein beträchtliches Sümmchen bei sich. Immer wieder griff er an die Brusttasche, um sich zu versichern, dass das Geld noch da war. Und diesmal wurde er blass. Da war nichts. Nichts!

Berele sprang in Panik auf und durchwühlte seine Hosentaschen. Auch nichts. Die Brieftasche war nicht da. »Das ganze Geld. Oj, ech challesch! Ich werde ohnmächtig! Ich bringe mich um. Ich springe aus dem Zug.« Die anderen Passagiere, die auch keinen »Ariernachweis« erbringen hätten können, litten mit ihm mit und versuchten, ihn zu beruhigen. »Wir werden dir suchen helfen.« Das ganze Zugabteil kam in Bewegung. Sie suchten überall. Unter den Sitzen, über den Sitzen, hinter den Sitzen, im Gepäck, zwischen den Koffern. Nichts. Nichts, nichts, nichts. Berele saß in Schock erstarrt mit weit aufgerissenen Augen da und bewegte lautlos die Lippen im Gebet.

Die Mitreisenden versuchten, nach langer, vergeblicher Suche weiter hilfreich zu sein: »Hast du schon in deinem Mantel nachgeschaut?« Berele sah verzweifelt hoch. »Nein. Weil wenn es dort auch nicht ist, dann bin ich wirklich verloren!«

Der Wiener Sprachschatz hat sich dank des Jiddischen auch um die unerlässliche Chutzpe bereichert, der letzte Ausweg, wenn man sich mit dem Rücken zur Wand in die Ecke getrieben sieht.

Chutzpe ist, wenn einer, der Vater und Mutter umbringt, vor Gericht um mildernde Umstände bittet, weil er Vollwaise ist.

Wie man seinen Lebensunterhalt
verdient

Ein zentrales Thema des Lebens war und ist die Frage:
Wie verdient man seinen Lebensunterhalt. Juden, oft umzin-
gelt von Völkern, Gesetzen, Gepflogenheiten und Zuständen,
die ihnen wenig freundlich gesonnen sind, hatten immer
schon – wohl oder übel – eine Extraportion an Kreativität zu
entwickeln.

Wenn ich meine Eltern zu Gesicht bekam, beim Frühstück
oder am Wochenende, hörte ich ihnen zu, wie sie übers
Geschäft sprachen. Unwillkürlich, ohne es zu wissen, bekam
ich so meine erste kaufmännische Ausbildung.

Mein Vater: »35 Prozent.«

Meine Mutter: »Von oben herunter oder von unten hinauf?«

Ich war der Erste in der Volksschule, der eine Ahnung
davon hatte, dass es überhaupt Prozente gab.

Im Lauf der Geschichte und Geschichten kann sich die
Bandbreite der menschlichen Strategien, um seinen Lebensunterhalt zu verdienen, schon einmal vom Zirkus zum Trans-
portgewerbe über die Unterwelt bis zur privatisierten Sozial-
hilfe spannen. Oj!

■ In einem Schtetl sucht Jankele verzweifelt einen Job, und
nichts von dem, was er versucht, gelingt. Da geht er an
einem Zirkus vorbei, der gerade in der Gegend ist, und
sieht ein großes Schild: »Aushilfe dringend gesucht!!!«
Mit drei Rufzeichen!!! Das scheint ihm vielversprechend.
Jankele geht also zum Zirkusdirektor und bewirbt sich.

Er weiß noch nicht, um welche Stelle, aber das sollte er gleich erfahren. Der Zirkusdirektor ist im Modus Krisenmanagement. Der Löwe ist plötzlich gestorben und die Abendvorstellung ausverkauft. Wenn Jankele bereit wäre, sich als Löwe zu verkleiden, dann hätte er den Job. Jankele sagt natürlich zu. Er kriecht durch die Raubtierschleuse in die Manege, beginnt furchterregend zu fauchen und die Krallen an der Plüschpfote auszufahren.

In dem Moment schießt ein anderer Löwe auf ihn zu. Jankele erstarrt und betet – was heißt! – schreit aus vollem Hals: »Schma Jisrael …« Da fährt der andere Löwe wie aus der Pistole geschossen mit dem Gebet fort: »… adonoi elohenu, adoinoi echat!«

Ja, so trifft man sich, die Welt ist klein. Alle haben dieselben Probleme.

Eine andere Variante des Überlebenskampfs unter den beschränkten Möglichkeiten, die das Schtetl bot, demonstriert Jankeles Odyssee auf seiner Suche nach einem Beruf, der ihn und seine Familie erhalten könnte:

- Jankele seufzte wie so oft. Er hatte kein Geld, keine Parnusse und keine Zukunft. Aber sechs Kinder hatte er und eine verhärmte Frau. Da dachte er sich eines Tages: »Was die Gojim können, kann ich auch. Ich werde Räuber.«

  Umgehend verließ er das Haus und fing an. Es dauerte nicht lang, und er begegnete einem kleinen, müden jüdischen Hausierer, der sich, dem Schicksal gram, mit seinem Warenkoffer durch die Gegend schleppte. Jankele schickte sich an, ihn auszurauben, sprang mit einer Schmatte vermummt hinter einem Baum hervor, pflanzte sich in voller Größe vor seinem Opfer auf und hielt ihm eine Pistole vor die Brust: »Geld oder Leben! Das ist ein Überfall!«

Der Hausierer erschrak plangemäß: »Gewalt!« Nach einem Moment beruhigte er sich aber, warf einen genaueren Blick auf seinen Räuber und brach in Tränen aus: »Was tust du mir an! Ich hab' kein Geld, keine Parnusse und keine Zukunft. Aber sechs Kinder und eine verhärmte Frau. Und jetzt das? Jetzt willst du mir die paar Groschen, für die ich mich die ganze Woche abgeschleppt habe, auch noch nehmen?« Jankele war einen Moment lang irritiert, damit hatte er nicht gerechnet, aber er blieb bei seinem Vorsatz, Räuber zu sein. »Also gut. Aber die Hälfte gibst du mir jetzt!« – Der Hausierer begehrte entsetzt auf: »Oh! Drei meiner Kinder sollen also verhungern!«

Jankele wurde rasch klar, dass Räuber auch nicht der leichteste Beruf war, und er entgegnete resigniert: »Na gut. Was soll ich machen. Behalt dein Geld. Aber dein Mantel ist warm, und ich friere. Den Mantel gibst du mir.«

Der Hausierer begann wieder zu schluchzen. »Den einzigen Mantel, den ich habe, soll ich dir geben? Dann erfriere ich sogar zu Hause, weil Heizen können wir uns nicht leisten.«

Jankele zögerte, dachte angestrengt nach, wie er seine neu gewonnene Räuberehre nun doch noch irgendwie retten konnte, und machte ein letztes Angebot: »Na gut, du Untam. Dann gib mir zumindest Zigaretten, und wir gehen unserer Wege.« Der Hausierer hatte sich inzwischen etwas beruhigt und sah weiteres Verhandlungspotenzial:

»Zigaretten willst du? Du glaubst, ich kann mir Zigaretten leisten? Ich habe schon seit Monaten nicht geraucht.«

Jankele stand immer noch mit der Pistole an der Brust des Hausierers da, es fehlten ihm wirklich die Worte. Dann sagte er schließlich mit letzter Kraft: »Dann trag mich wenigstens a bissele!«

Was blieb Jankele nun noch? Würde er aufgeben? Konnte er aufgeben? Nein, natürlich nicht. Aber was jetzt?

- Nachdem Jankele auch als Räuber so wenig Erfolg hatte, konnte er sich nur noch einen Ausweg vorstellen, um seine Familie zu ernähren, so ungern er den in Betracht zog. Eines konnte er noch versuchen, nämlich seinen alten Freund Meir Seligmann, den er seit seiner Kindheit nicht mehr gesehen hatte, um Hilfe zu bitten. Also machte sich Jankele zu Fuß auf den Weg nach Warschau, wo Meir nun als steinreicher Mann lebte. Mit Blasen auf den Füßen kam er dort an, fand nach einigen Irrwegen Meirs Haus und klopfte an seine Tür. Ein livrierter Diener öffnete, musterte Jankele verächtlich von oben bis unten und war schon drauf und dran, die Tür kommentarlos wieder zuzuschlagen, als Meir hinter ihm auftauchte, kurz stutzte und ausrief: »Bist du es Jankele? Meine Güte! Komm herein!« Sie fielen einander in die Arme, Meir schob den Diener zur Seite, führte Jankele ins Haus und ließ sich alles erzählen.

Die Tage, die folgten, erlebte Jankele wie im Traum. Meir legte ihm die Welt zu Füßen. Er brachte ihn in einem edlen Zimmer unter, kleidete ihn neu ein, stellte ihm einen eigenen Diener zur Verfügung, der ihm jeden Wunsch von den Augen abzulesen hatte. Jankele ruhte auf seidenen Kissen, er speiste die edelsten Leckerbissen und trank dazu die feinsten Tropfen, die Meirs Weinkeller zu bieten hatte. Am Abend ging Meir mit ihm in die Oper, ins Theater, in den Zirkus, zur Soirée des Bürgermeisters, ins Varieté.

Nach einer Woche wie im Rausch fielen Jankele wieder seine darbenden sechs Kinder und seine abermals schwangere Frau ein, und er sagte zu Meir, so schwer es ihm fiel: »Meir, mein Freund, ich muss wieder nach Hause.« Meir war traurig darüber, seinen alten Jugendfreund wieder zu verlieren, aber er verstand. Er ließ eine Kutsche, gezogen von sechs Schimmeln, vorfahren, ließ feinsten Proviant zusammenpacken, der für drei Reisen gereicht hätte, und gab Jankele einen Beutel voller Gold, der all seine Sorgen beenden sollte. Unter Tränen verabschiedeten sich die Freunde.

Jankeles Frau konnte es nicht fassen, als ihr Mann wieder zurückkam. Sie hatte mit allem gerechnet, nur nicht mit dem Ende aller Sorgen. Aber genau das passierte. Ihr Leben veränderte sich auf einen Schlag. Jankele eröffnete mit einem Teil des Geldes ein kleines Geschäft, wurde rasch erfolgreich und baute seiner mittlerweile neunköpfigen Familie ein Haus, fast so schön wie das von Meir in Warschau. In der Gemeinde war er plötzlich ein gefragter Mann. Jeder bat ihn um Rat, in der Schil bekam er den Misrach-Platz, den Ehrenplatz neben dem Rabbiner, und stieg zum Rosch Hakul, dem Gemeindepräsidenten, auf.

Eines stillen Abends sagte Jankeles Frau: »Sollten wir nicht Meir einladen und ihm danken?« Jankele gab ihr recht und verfasste gleich eine Einladung. Als Meir den Brief erhielt, dachte er sich: »Zwei Wochen im alten Schtetl? Ach ja, ich war schon so lange nicht mehr dort. Jankele fehlt mir, und das Grab meiner Eltern möchte ich auch besuchen …« Kurz, er war schnell überzeugt und nahm die Einladung für zwei Wochen in seiner alten Heimat an.

Jankele und seine Familie begrüßten Meir herzlich und überboten sich in ihren Bemühungen, dem Wohltäter ihren Dank zu erweisen und ihm eine schöne Zeit zu bereiten. Drei Tage lang war alles gut. Meir genoss die Zeit, ging in die Schil, besuchte die Mikwe, das rituelle Bad, ging zum Grab seiner Eltern, besuchte alle anderen Kindheitsfreunde, die noch lebten, führte lange Gespräche mit Jankele und seiner Familie, aber am vierten Tag hatte er schön langsam genug. Nach all den Jahren in Warschau war das Schtetl bei aller Liebe nicht allzu aufregend, und er verkündete: »Jankele, ich fahre morgen wieder nach Hause.« – »Was soll das heißen? Ich habe dich für zwei Wochen eingeladen. Ich habe geplant, eingekauft, das Gästezimmer neu eingerichtet, das Geschäft zugesperrt, damit ich Zeit für dich habe. Also wenn du jetzt schon wieder abreist, dann schuldest du mir mindestens 500 Gulden für den Aufwand, der umsonst war!«

Meir war fassungslos. »Nach all dem, was zwischen uns war, nach all der Zeit, die wir uns kennen, nach all dem, was ich für dich getan habe, willst du von mir jetzt 500 Gulden?« Ein lauter und erbitterter Streit brach aus, der sich über den ganzen Abend zog. Schließlich rief Jankele aus: »Genug! Jetzt gehen wir zum Rebben. Er soll entscheiden.« Meir war sicher, dass diese Entscheidung nur zu seinen Gunsten ausgehen konnte, und war sofort einverstanden.

Sie gingen zum Rabbiner, beschrieben ihre Situation und baten um eine Entscheidung. Reb Eisenfarb strich sich bedächtig den Bart und sprach nach langem Überlegen sein Urteil: »Nu, ich sage euch, was ihr machen werdet. Meir, du zahlst ihm keine 500 Gulden.« Meir freute sich, aber Eisenfarb fuhr fort: »Du zahlst ihm die Hälfte, also 250 Gulden.«

Meir war außer sich. Wütend warf er 250 Gulden auf den Boden und schrie Jankele an: »Da hast du! Aber ich will von dir nie wieder in meinem Leben etwas hören!« Und mit diesen bitteren Worten wollte er aus dem Haus stürzen. Aber Jankele packte ihn am Ärmel, hob die 250 Gulden vom Boden auf und drückte sie Meir lachend in die Hand: »Glaubst du wirklich, ich wollte dir, meinem Freund, meinem Wohltäter, meinem Retter, Geld abnehmen? Du hast mich in Warschau in die Oper, ins Theater, in den Zirkus, zur Soirée des Bürgermeisters, ins Varieté geführt. Ich wollte dir auch etwas bieten. Aber wie? In unserem Schtetl gibt es doch nur eine einzige Attraktion: Die Blödheit unseres Rebben.«

Ganz schön kompliziert? Gar nicht. Generationen an Schtetl-Juden hatten viel Übung darin zu lernen, zu hinterfragen und zu klären, um Dingen auf den Grund zu gehen und Lösungen für schier unlösbare Probleme zu finden. Selbstkritische Betrachtungsweise inklusive. Im Idealfall findet sich jedenfalls eine Methode, seinen Lebensunterhalt zu verdienen.

Schtetlkunde – Die praktische Anwendung

Irgendwann fühlte ich mich auch gefordert, alles, was ich bisher von meinem Vater gelernt hatte, auf eine Weise umzusetzen, die ihn nicht nur prinzipiell, sondern aus gutem Grund stolz auf mich machen sollte. Was hatte ich also gelernt?

Ich studierte – mehr oder weniger – eine Weile Jus und Soziologie. Eines Tages, mit 21, als meine Eltern nicht zu Hause waren, kümmerte ich mich noch zusätzlich – aufopfernd – um die Organisation einer Party. Am nächsten Tag musste ich mich bei den Nachbarn für den Lärm entschuldigen, vor allem bei der Witwe Margit Frank, die in der Wohnung unter uns lebte.

Bei der Gelegenheit kam ich auch auf die Idee, ihr die Firma ihres verstorbenen Mannes abzukaufen. Die Firma »Dipl. Ing. Béla Frank« war unter den Nazis »arisiert« worden. Erst Ende der 1950er-Jahre hatte seine Witwe endlich die Firma zurückbekommen, die zu der Zeit gerade mal aus einer Maschine und einer Handvoll Mitarbeitern bestand. Meine Geschäftsidee reifte.

Mein Vater war Geschäftsideen von mir schon gewöhnt. Das letzte sehr komplizierte Konstrukt, das ich mir ausgedacht und an ihn herangetragen hatte, hatte er abgelehnt: »Was ich nicht am Rand der *Presse* kalkulieren kann, mach' ich nicht.« Mein Vater kalkulierte ohne komplizierte Tabellen oder sonstige Hilfsmittel minimalistisch und auf den Punkt. Alles, was er brauchte, waren ein Bleistift und eine Ausgabe der *Presse*, auf deren Rand für ihn genug Platz für eine Kalkulation war.

Auch von meiner neuesten Idee war er nicht begeistert. Er hatte sich gewünscht, dass ich Akademiker werden sollte. Ich aber wollte so wie er Unternehmer werden. Letztlich gab er mir aber das Startkapital und ging mit mir zu den Holzbaracken in der Nordwestbahnstraße im 20. Bezirk, die bald meine Firma sein sollten.

Ich hatte aus Erfahrung uneingeschränkte Zuversicht, dass er sicher schon bald sehr stolz auf mich sein würde. Unter Selbstzweifeln litt ich nicht. Mein Vater traute mir alles zu, also dachte ich mir in selbstbewusster Unschuld: So schwer wird's schon nicht sein.

Von den paar Mitarbeitern meiner neuen Firma, die schon jahrzehntelang dabei waren, schaute ich mir vieles ab. Ich sah auch, was falsch lief, und auch daraus konnte ich meine Schlussfolgerungen ziehen. Als ich als 22-Jähriger meine Handvoll Mitarbeiter an meinem ersten Arbeitstag als neuer Besitzer der Firma begrüßte, hielt sich ihre Begeisterung in Grenzen. »Was will der Anfänger von uns?«, stand ihnen ins Gesicht geschrieben, als sie mich gleich fragten: »Sollen wir fakturieren?« Ich hatte trotz Studiums das Wort fakturieren noch nie gehört. Ich war genauso ahnungslos, wie meine neuen Mitarbeiter inspiriert waren, mich auflaufen zu lassen. Ich hörte also lieber auf die Erfahrenen und fragte: »Wie haben Sie's denn gestern gemacht?« – »Gestern haben wir fakturiert.« Also entschied ich in meiner unendlichen Weisheit: »Dann fakturieren Sie heute bitte auch!«

Und genau so machen wir's bis zum heutigen Tag.

Meiner Ahnungslosigkeit zum Trotz ging alles gut. Als ich mehr als vierzig Jahre später die nunmehrige Firma Frankstahl an meinen Sohn Marcel übergab, hatte sie über 700 Mitarbeiter in neun Ländern. Dip. Ing. Béla Frank hätte sich über den posthumen Sieg über die »Arisierer« gefreut.

Vor allem aber konnte ich meinen Eltern, die sich so sehr einen Akademiker gewünscht hatten, mit der Tatsache, dass ich stattdessen ein Stahlhändler geworden war, versöhnen. Wann immer jemand wissen wollte, was denn eigentlich Flanschen wären, also jene Verbindungsteile für Rohre und Maschinenteile, die meine damals neue Firma verkaufte, erklärte mein Vater, der Textilkaufmann, mit einem sehr stolzen Lächeln:

»Flanschen macht man aus Hosen!« Sprich: Man verkauft Hosen und kauft von deren Erlös eine Flanschenfabrik. Nicht nur das Startkapital, das mein Vater mir vorstreckte, begründete meinen Erfolg. Vor allem seine bedingungslose Überzeugung von meinen Fähigkeiten hat mich durch die Jahrzehnte gestärkt und getragen.

Wenn es mir je gelungen ist, den Blick fürs Wesentliche zu entwickeln, zu kalkulieren, zu verhandeln, mit Erfolg und Misserfolg umzugehen, es hatte so gut wie immer seine Wurzeln in dem, was mir mein Vater mitgegeben hat. Mein Vater war auch meine Berufsschule:

Management-Lektion Diplomatie:
Normalerweise, wenn mein Vater etwas gefragt wurde und aus irgendeinem Grund nicht mit der Wahrheit herausrücken konnte, aber auch nicht lügen wollte, sagte er: »Ein Ochs hat so eine lange Zunge ...« – die er dann auch mit der passenden Handbewegung illustrierte – »... und kann trotzdem nicht reden.«

Management-Lektion Kompromiss:

Geschäftliche Konflikte werden unter Juden sehr oft von der Din Torah, einem jüdischen Schiedsgericht, bestehend aus einem Rabbiner und zwei weiteren Personen, entschieden. Mein Vater nahm mich als Kind einmal zu einer Din Torah mit, die er als Kläger angerufen hatte. Sein Gegner Moische wollte die Auseinandersetzung unbedingt gewinnen und tischte eine Lüge nach der anderen auf, um den Sachverhalt nach seiner Manier darzustellen. Mein Vater platzte innerlich vor Wut, wollte die Situation aber nicht weiter eskalieren lassen, sondern die Angelegenheit hier und jetzt geklärt wissen. Also lehnte er sich lächelnd zurück, schüttelte in nur scheinbar scherzhafter Drohgeste den Zeigefinger und sagte: »Moische, Moische!« Jeder im Raum wartete gespannt darauf, was er jetzt als Nächstes sagen würde. »Du witzelst!«

Damit war die Situation trotz des ärgerlichen Anlasses entspannt, und mein Vater erreichte, was er wollte, nämlich die Bereinigung des Konflikts hier und jetzt in Verbindung mit einem günstigen Vergleich.

Management-Lektion Investition:

- Die alten Freunde Alusch Ehrenthal und Gyuri Guss spazieren den Donaukanal entlang. Wie das halt so ist, man dajgezzt, man chochmetzt und kommt auf Ideen. »Schau, Alusch! Siehst du die Maus dort? Wenn du die fängst und so wie sie ist, als Ganzes, roh runterschluckst, zahl ich dir 100 Euro.« – »Du Narr. Du glaubst, ich mach das nicht?« Alusch zögert nicht lang, sprintet los, fängt die Maus, reißt den Mund auf und verschluckt den Nager. Das Ganze dauert keine fünf Minuten. Alusch triumphiert und Gyuri zahlt.

Sie schlendern weiter den Donaukanal entlang und Alusch wird übel, aber das lässt er sich nicht anmerken. Nach ein paar Minuten kreuzt neuerlich eine Maus ihren Weg. Alusch, blass wie er war, strahlt. »Nu, Gyuri? Was ist mit dir? Traust du dich? Ich zahl dir auch 100 Euro.« Gyuri lässt das nicht auf sich sitzen, noch dazu, weil ihm die verlorenen 100 Euro mindestens so sehr im Magen liegen wie Alusch die Maus. Er packt zu, noch bevor die Maus ihn auch nur bemerkt, hält sie fest, schiebt sie sich in den Mund, und mit aller Disziplin, die er angesichts der strampelnden Delikatesse aufbringen kann, schluckt er sie hinunter und streckt die Hand aus. Alusch legt den Hunderter wieder hinein.

Schweigend, in Übelkeit vereint, wandeln sie weiter den Donaukanal entlang. Seufzt Alusch: »Und was haben wir jetzt davon gehabt?« Darauf Gyuri: »Umsatz!«

Management-Lektion Bodenständigkeit:

■ Gleich nach Abschluss seines Studiums summa cum laude kommt Irvin Shoenveld heim zum Vater. Der umarmt den geliebten Sohn, sein Fleisch und Blut, innig und sagt: »Jingele, jetzt bist du 42 und hast, unberufen, drei verschiedene Doktortitel errungen, und für diesen Kuved habe ich gar nicht so viel Geld investieren müssen. Insgesamt waren es nur 885 500 Dollar, da du ja mit deinem Sejchel auch Stipendien bekommen hast. Also lass mich zusammenfassen: Zuerst bist du im weltberühmten Yale Ph.D. in Meteorologie geworden. Dann hast du mich zu Tränen gerührt mit deinem weltberühmten Harvard Ph.D. in theoretischer Physik und Mathematik. Und geradezu sprachlos und stolz haben deine Mamme und mich deine Abschlüsse in Numismatik und südostafrikanischer Botanik in Stanford und Berkley gemacht. Aber jetzt, mein Jingele, mein Sießer, wird es langsam Zeit, dass du dich entscheidest, wie du in Zukunft deine Familie ernähren willst.« Er machte eine bedeutungsvolle Pause und fuhr fort: »Damen- oder Herrenkonfektion?«

Management-Lektion Kernkompetenz:
- Wenn es einem Pressefotografen gelingt, das Foto des Jahres zu schießen, kann er reich werden. Sehr reich. Und berühmt. Sehr berühmt. Wenn das Foto auch noch gut ist, wird er vielleicht sogar unsterblich. Kein Wunder also, dass bei der Abschlussprüfung der Pressefotografen des elitären New York Center of Excellence in Contemporary Photography so viel Nervosität in der Luft lag, dass man sie schneiden konnte. Alle waren sie angetreten. Dwayne Clint, Jerry-Lee Hill, Billy-Bob Smith, Johnny Hickory, sogar die wilde Suzanne Prewster. Sie alle hatten schon erste Paparazzi-Erfahrungen sammeln können, sie hatten schon viel geübt, lang die Theorie gelernt und Kurse besucht oder die beste Ausrüstung gekauft. Sie wussten, es ging um alles. Scheel sahen sie einander im Warteraum von der Seite an. Wer würde es heuer schaffen, wer nicht? Sie wussten, die Prüfer waren unerbittlich. Unbestechlich.

Endlich flog die Tür zum Prüfungszimmer auf. Die gelangweilte Stimme des Leiters der Prüfungskommission, Joe Shalom Greenberg, rief den ersten Prüfling auf. Es traf in strikter alphabetischer Reihenfolge Dwayne Clint. Manierlich, wie man es kaum von ihm kannte, legte er sein Portfolio vor und erwartete einen ersten Kommentar von Greenberg und den anderen Kommissionmitgliedern, Moscovici, Lebovici und Rosenberg. Die unbestechlichen Vier blätterten ohne erkenntliche Emotion in seiner Mappe, seufzten kurz, schauten einander vielsagend an und auf die Uhr, und schließlich stellte Rosenberg die entscheidende Prüfungsfrage, die bei zweifelhaften Bewertungen von Arbeiten durch theoretische Kompetenz den Ausgang der Prüfung in die eine oder andere Richtung lenken konnte:

»Na gut, Mr. Flint … Clint. Stellen Sie sich vor, Sie sitzen in einem Schnellboot mit voller Ausrüstung und brausen auf Motivsuche am Amazonas durch den brasilianischen Regenwald. Plötzlich durchdringt ein Schrei das Affengekreisch und Papageiengekrächze. Sie kommen immer näher zu den Stromschnellen und sehen, woher der Hilfeschrei kommt. Ein Mann ist kurz davor, von den reißenden Fluten hinabgerissen zu werden. Es ist Mahmud Ahmadinedschad, der ehemalige iranische Präsident. Sie sind mit allen Finessen ausgerüstet, die man in so einer Situation womöglich brauchen könnte. Es wäre ein Leichtes, ihm einen Rettungsring oder ein Tau zuzuwerfen, um ihn an Bord zu ziehen. Andererseits, wenn Sie ihn nicht retten, können Sie sicher sein, dass ihr Foto auf Seite 1 aller Zeitungen weltweit den ertrinkenden Präsidenten zeigen wird, und Sie sind mit einem Schlag ein gemachter Mann.«

Dwayne Clint schluckte. Rosenberg fuhr fort: »Und nun die alles entscheidende Frage: Welches Objektiv nehmen Sie, Tele oder Weitwinkel?«

Management-Lektion Wareneinkauf:
In Wien kennt jeder den jiddischen Ausdruck für Schnäppchen – Mezije. Übrigens: Was heißt Apotheke auf Jiddisch? Far-Mezije. Genau.

■ Trifft der Weiß den Schwarz. Sagt der Weiß: »Gut, dass ich dich treff'! Ich hab' ja so was von einer Mezije für dich! Du wirst es nicht glauben.« Sagt der Schwarz: »Ich mag keine Mezijes. Verschon mich.« Darauf der Weiß: »Moment! Hör' doch erst einmal zu. Du weißt ja noch gar nicht, worum es geht. Ich hab' ein Krokodil für dich! Um nur 100 Euro.«
Schwarz schüttelt verärgert den Kopf. »Was brauch' ich ein Krokodil?« – »Ich bitte dich. 100 Euro. Das ist geschenkt. So ein Krokodil in der Größe ist mindestens das Zehnfache wert, wenn nicht mehr, und ich geb's dir um 100 Euro. Wie kannst du da Nein sagen?« – »Weißt du was? Lass mich mit deinem Krokodil einfach in Ruh'. Wo soll denn das wohnen, womit füttert man das Vieh, wer räumt den Dreck auf, wer führt es Gassi, wer richtet es ab und: Bin ich ein Dompteur?«
Damit dreht sich Schwarz um und geht. Weiß packt ihn gerade noch rechtzeitig am Ärmel. »Also gut, Schwarz, weil du es bist: zwei Krokodile um nur 150 Euro!« – »Gekauft!«

Management-Lektion Wertschätzender Verhandlungsstil:
■ Berl Zweihorn braucht einen neuen Anzug. Also geht er zu Mendel Fischmann am Salzgrieß und sagt es gleich gerade heraus: »Ich handle nicht. Ich will Fixpreise. Hast du Fixpreise? Dann hast du gute Chancen, mir heute einen Anzug zu verkaufen.« – »Das trifft sich gut, Berl, weil in meinem Geschäft gibt es nur Fixpreise. Kein Feilschen, kein Handeln, wir sind hier nicht am Basar. Also: Dieser Anzug hier, der dir sehr gut stehen wird, kostet dich nicht 1000 Schilling, nicht 900 Schilling, aber ich verkaufe ihn sicher nicht unter 750 Schilling.« – »Das gefällt mir«, nickt Berl zufrieden, »und der Anzug auch. Nur so will ich Geschäfte machen. Also sage ich nicht 400 Schilling, nicht 450 Schilling, nicht einmal 500, aber mehr als 600 zahl ich nicht.« Drauf Mendel Fischmann: »Gut, ich pack ihn dir ein.«

Management-Lektion Anstand:
In fortgeschrittenem Alter beschlossen meine Eltern, aus der Innenstadt weg und in einen Alterswohnsitz im Grünen zu ziehen, doch ein geeignetes Haus zu finden, war gar nicht so einfach.

Durch Zufall hörte ich vom Direktor meiner Bank, dass eine Familie sich den Hypothekarkredit ihres Eigenheims nicht mehr leisten konnte und möglichst schnell einen Käufer für ihr Haus brauchte, um sich stattdessen eine Wohnung kaufen zu können. Das Haus lag im Grünen, so wie es sich meine Eltern gedacht hatten, war aber ziemlich baufällig und renovierungsbedürftig. Trotzdem fuhr ich mit meinem Vater hin, um es zumindest zu besichtigen. Mein

Vater sah Potenzial in dem Haus und bekundete Interesse, es zu kaufen. Die Eigentümer verlangten eine relativ hohe Summe.

Mein Vater sagte sofort zu und unterschrieb an Ort und Stelle einen Vorvertrag. Ich war verblüfft, weil ich ihn als harten Verhandler kannte, und fragte ihn anschließend: »Wieso hast du dich sofort auf den Preis eingelassen und nicht verhandelt? Die Verkäufer haben doch erwartet, dass es Preisverhandlungen geben wird, die haben gar nicht damit gerechnet, dass sie die erste Summe, die sie nennen, auch bekommen.« – »Warum verstehst du das nicht?«, fragte mein Vater zurück. »Mir gefällt das Haus. Die Eigentümerfamilie hat einen hohen Hypothekarkredit und muss diese Schulden zurückzahlen und sich dann noch eine Wohnung leisten kön-nen. Ich habe mir ausgerechnet, dass sich die Differenz zwi-schen dem, was sie dafür brauchen, und dem Kaufpreis knapp ausgeht, um sich eine anständige Wohnung leisten zu kön-nen.« – »Ist das eigentlich dein Problem?«, fragte ich weiter. »Ja«, sagte mein Vater ohne zu zögern, »denn wenn die Ver-käufer nicht genug Geld haben, sich etwas anderes leisten zu können, dann können sie auch nicht ausziehen, und ich müsste eine Räumungsklage gegen sie anstrengen. Und so etwas mache ich nicht.«

Management-Lektion Nachverhandlung:

Nicht alles kam von meinem Vater. Aber so ziemlich alles, was ich im Lauf meines Lebens erlebt oder aufgeschnappt und mir gemerkt habe, hätte auch von ihm sein können.

Eines Tages gingen meine Frau Anita und ich mit Ger-hard Bronner in ein solides, aber ansonsten unauffälliges

Lokal essen. Er erfreute sich an einem exquisiten Beuschel mit einem Obi g'spritzt, meine Frau bestellte einen kleinen Salat und Leitungswasser, ich hatte eine Frittatensuppe und einen kleinen Schwarzen ohne Milch und Zucker. Es schmeckte, und wir hatten einen netten Abend. Großzügig übernahm Gerhard die Rechnung und dachte sich zunächst nichts Böses. Dann sah er die Summe, war für einen Moment sprachlos und erkundigte sich beim Kellner mit unüberhörbarer Schärfe: »Herr Ober! Sagen S', hamma an Nerz g'fressen?«

Management-Lektion Flexible Arbeitszeiten:
»Halten Sie mich am Laufenden. Ich gehe jetzt in den Tempel«, sagt Baron Rothschild zu seinem Assistenten und verlässt das Büro. Der bleibt zurück, arbeitet vor sich hin und beobachtet nebenbei am Bildschirm mit dem Kursticker die an diesem Tag besonders kritische Entwicklung der Boeing-Aktie, in die sie gerade in großem Umfang investiert haben. Plötzlich steigt der Kurs raketenartig an. Der Assistent traut seinen Augen nicht. Von 100 auf 150 innerhalb einer Stunde und steigend! Er kann seine Augen nicht mehr vom Bildschirm lösen. Er ist in der Klemme. Einerseits hat der Boss ihm aufgetragen, ihn zu informieren, andererseits weiß er, dass er ihn nicht so ohne Weiteres in der Synagoge stören darf. Er ist hin- und hergerissen und weiß nicht, was er tun soll. Der Boeing-Kurs steigt weiter. Kaum eine Stunde später schon auf 160! Jetzt hält er es nicht mehr aus. Es ist Rosch ha-Schana, also klar, Rothschild würde jetzt sein Telefon nicht abheben. Es bleibt ihm nichts ande-

res übrig, als selbst in die Synagoge zu laufen. Er stürzt in den Tempel – man kannte ihn dort schon durch vorhergehende Auftritte – und zischt von der Seite in Richtung seines Chefs: »Monsieur le Baron, Monsieur le Baron!! Boeing ist auf 160! Hören Sie mich??!« Rothschild dreht sich ohne Eile zu seinem Assistenten um und flüstert verärgert: »Jetzt haben Sie mich gestört. Jetzt haben Sie die Betenden gestört. Jetzt haben Sie den Oberrabbiner gestört. Jetzt haben Sie den Gottesdienst gestört. Und hier handeln wir Boeing bereits um 175.«

Erfolg und Misserfolg

Beide liegen nahe beieinander. Es empfiehlt sich, für beides gewappnet zu sein. Vor allem für Letzteres. Wenn ich Entscheidungen treffe, mache ich das, indem ich alles abwäge, alle Für und Wider überlege und Dutzende Male hinterfrage. Als Unternehmer habe ich gelernt, dass ich Entscheidungen nicht nur oft schnell treffen, sondern auch oft meine Zweifel für mich behalten muss, um andere nicht zu verunsichern. Manchmal sind meine Entscheidungen natürlich auch falsch. Zu meinem Glück komme ich gut damit zurecht, eine Sackgasse, die ich einmal erkannt habe, zu verlassen und umzukehren. Dank meiner Berufs- und Lebensschule an der Hand meines Vaters kann ich so etwas benennen, relativieren und neue Wege finden.

Wenn sich zwei des Jiddischen mächtigen Freunde über einen Pechvogel, der in eine Sackgasse geraten ist, unterhalten würden, bedürfte es nicht vieler Worte, um das auszudrücken.

Die lakonische Anmerkung »er tappt nebbach a Wand« wäre völlig ausreichend. Das funktioniert natürlich nur, wenn man dabei etwas träge eine der Schultern hebend, die Mundwinkel verächtlich nach unten richtet, die Augen, wenn's geht nur das linke, seufzend geschlossen hält, die Handflächen leicht mitleidig nach oben dreht. So ungefähr.

Ein armer Mensch, dem der Erfolg verwehrt bleibt, kann im Jiddischen viel umfassender und differenzierter beschrieben werden als in anderen Sprachen. Man kann sagen: »Hejsergeher«, »Medine-Jid«, »Puretz mit a loj«, »Schnorrer«, »Nevjen«, »Kapzn«, »Hungermann«, »Torbenik«, »er hot den Dalles«, »er is ojf gebrennte Zores«, »ojf gehackte Zores« oder »es gejt ihm schlimm«, »Schlimmassel«.

Wenn man bildlich mit wenigen Worten eine ganz lange Geschichte erzählen möchte, kann man über den armen Mann auch sagen: »Es geht ihm wie einem Bösewicht im Jenseits oder wie einem Zaddik, einem Gerechten, im Diesseits.« Eine andere Variante, deren Verständnis zugegebenermaßen zumindest Basiswissen über die jüdische Religion voraussetzt, wäre die Formulierung: »Es is bei ihm a ganz Juhr Pessach – er hot nischt ojf a Stickl Broit.«

Wenn einer lang genug arm ist, hat er irgendwann vermutlich auch Schulden. Dann, wenn zwei über ihn reden, wird er vielleicht so beschrieben: »Vermuggen sollen wir es bejde, wie viel es fehlt ihm zu finef Dollar«, also: Ich wünsche uns beiden so viel Vermögen, wie ihm fehlt, bis er fünf Dollar hat, nachdem er seine Schulden bezahlt hat. Sofern man beim Gebrauch dieses Ausdrucks winkt mit die

Ojgen, also schelmisch blinzelt, kann man über diesen armen Mann auch noch sagen: A zweiter Rothschild – nebbich! Das ist vielleicht nicht besonders nett, aber das kann doch was.

- Ein Kellner, also ein erfolgloser Künstler, in New York fragt seinen Agenten um Rat, wie er denn endlich den Durchbruch in seiner Karriere schaffen könnte. Der Agent ist nicht um Antwort verlegen: »Du musst auffallen! Dich von der Masse abheben! Etwas Außergewöhnliches anstellen, damit du in die Medien kommst.«

Der Noch-Kellner ist inspiriert. Er mietet sich ein Kamel und reitet stundenlang den Broadway auf und ab. Als sogar das Kamel langsam Durst bekommt, steigt er vor einem Kaffeehaus kurz ab, bindet das Kamel an die Parkuhr, wirft pflichtbewusst seinen Quarter ein und geht hinein. Als er erfrischt und erleichtert wieder herauskommt, ist das Kamel weg.

Er sucht und sucht, vergeblich. Schließlich geht er zur Polizei und gibt eine Vermisstenanzeige auf. Die Polizisten erkennen sofort, womit sie es zu tun haben, und fragen penibel nach dem Alter, Aussehen, Gewicht, der Größe, Wohnadresse und Telefonnummer des Kamels. Der Künstler hat naturgemäß ein Problem, all diese Fragen zu beantworten.

Einer der Polizisten bekommt langsam Mitleid und gibt's billiger: »Nu, dann sagen Sie uns zumindest, ob wir nach einem weiblichen oder einem männlichen Kamel suchen sollen?!« Der Künstler überlegt. Und überlegt.

Lange. Dann sagt er mit sicherer Stimme: »Ein Männchen!« – »Und wieso wissen Sie das jetzt so genau?« – »Ist ganz einfach: Alle Juden, an denen ich vorbeigeritten bin, haben dasselbe gerufen: ›Kikt aich un den groissen Schmock!‹«

Um es noch einmal in Erinnerung zu rufen: Schmock bedeutet ursprünglich das männliche – Instrumentarium. Wie immer im Jiddischen gibt es natürlich mehr als eine Bedeutung. Je nach Mimik, Gestik, Lautstärke und Betonung, kann man mit nur einem Wort verschiedene Aussagen zum Ausdruck bringen. Ein Schmock ist auch ein langsamer Denker, ein ungeschickter Mensch, ein Dodl. In einer weiteren Variante ist ein Schmock jemand, der eitel und arrogant ist.

■ Trifft der Kohn den Lefkowitsch und ruft erfreut: »Lange nicht gesehen! Wie geht's dir?« Lefkowitsch gibt gerne Auskunft: »Oj, oj. Oj. Wenn du wüsstest! Das Geschäft. Eine Katastrophe. Den ganzen April nur Zores. Die Ware, die wir gekauft hatten, ging nicht, trotz Saison, die Ware, die gegangen wäre, hatte Lieferschwierigkeiten. Ein Umsatz zum Weinen. Und erst der Mai. Ich war sicher, dass jetzt die geblümten Blusen gehen würden. Keine Rede. Nicht einmal die halbe Ware bin ich losgeworden. Und die nur im Angebot. Und wenn du glaubst, schlimmer kann es nicht werden, frag mich, wie der Juni war! Im Juni, du wirst es mir nicht glauben, der Umsatz ist um ganze siebzig Prozent zurückgegangen. Wie verhext.«
An dieser Stelle unterbricht Kohn: »Was jammerst du mir da vor! Was soll ich dann sagen?! Meine Frau ist mit

meinem Kompagnon durchgebrannt. Mit der Kassa. Meine Schwester hat einen Goj geheiratet. Meine schöne Tochter, die Leah, bringt mir heuer schon den vierten Freund nach Hause. Und mein Sohn, Mark, mein Stammhalter, heiratet. Den schiachen Georg. Ja, du hast recht gehört, einen Mann! Also sei ehrlich, Lefkowitsch, gibt's was Ärgeres?«

»Natürlich«, gibt Lefkowitsch zu bedenken, »den Juli!«

■ Trifft der Blau den Grün. »Wie geht bei dir das Geschäft?«, fragt Grün. Blau schüttelt traurig den Kopf: »Wie Mazzes in Oberammergau!«

Aber, Gott ist gerecht, auch bei Nicht-Juden gehen die Geschäfte nicht immer optimal. Das wurde mir vor einiger Zeit beim Heurigen wieder bewusst. Ich hatte entfernte jüdische Verwandte aus dem Ausland eingeladen, um ihnen das typische Wiener Flair vorzuführen. Also gingen wir zum Heurigen in Grinzing. Im Laufe des Abends schwoll der Lärmpegel im Lokal merkbar an. Alkoholisch inspiriert, lachten die Gäste um uns herum immer mehr und immer lauter. An unserem Tisch floss so gut wie kein Wein, aber auch wir unterhielten uns ganz hervorragend und trugen nicht minder zum Geräuschpegel bei, da wir nach so langer Zeit wieder einmal jüdische Witze austauschten, die sogar wir schon vergessen hatten.

Die Kellnerin fragte pflichtgemäß in kurzen Abständen bei jedem Tisch nach, ob es noch was zum Trinken sein dürfe. Da wir durstig waren, wussten wir diese Aufmerksamkeit sehr zu schätzen und bestellten jedes Mal eine weitere Flasche stilles Mineralwasser. Ihr Gesicht schien von einem aufs andere Mal mehr zu versteinern. Nach der vierten Runde entkam ihr schließlich der Kommentar, der sich in ihrem Mienenspiel schon seit mindestens zwei Stunden angekündigt hatte: »Baden kennen S' a daham!«

Es läuft nicht immer alles so, wie man es sich wünscht. Bei manchen Interessenkonflikten besteht immerhin die Möglichkeit, zu Gericht zu ziehen und auf Gerechtigkeit zu hoffen. Natürlich heißt das noch lange nicht, dass diese Strategie von Erfolg gekrönt sein wird. Auf offener See und bei Gericht ist man in Gottes Hand:

- So geschah es einmal, dass in einen langwierigen Prozess, den Jakov Kohn schon seit Ewigkeiten führte, endlich Bewegung kam, als er eines Tages von seinem Anwalt ein Telegramm erhielt: »Die gerechte Sache hat gewonnen.« Kohn telegrafierte umgehend zurück: »Sofort Berufung einlegen.«

Preis des Erfolgs

Auch Erfolg hat eine andere Seite. Nicht alle haben ihn, und daraus entspinnt sich eine weitere Variante jüdischen Erfindergeists, der in der Figur des Schnorrers seine tragikomische Ausprägung findet. Die vielen Geschichten vom Schnorrer und dem Baron Rothschild sind archetypisch für die Betrachtung stets beider Seiten der Münze, die der eine hat und der andere nicht.

- Wieder einmal kam ein Schnorrer zum Baron Rothschild: »Helfen Sie mir! Ich habe sieben hungrige und unmündige Kinder, und zu meinem Unglück hat Gott mir auch noch mein Augenlicht genommen, ich bin blind.« Rothschild schüttelte den Kopf: »Wie kann ein gottesfürchtiger Mann so verantwortungslos sein, als Blinder sieben Kinder in die Welt zu setzen, die er nicht ernähren kann?« – Darauf der Schnorrer nach kurzem Nachdenken: »Nu? Seh' ich denn, was ich mach'??!«

- Ein anderer Schnorrer kam zum wohlhabenden Leibl Eisenberg und klagte ihm sein Leid: »Hilf mir Leibl. Ich bin vom Pech verfolgt. Was immer ich angreife, es geht schief. Was immer ich versuche, ist zum Scheitern verurteilt. Ich schwör dir, ich gebe mir alle Mühe, und nichts funktioniert. Meine Frau hat mich verlassen, meinen Job hab' ich verloren, ich habe kein Geld mehr, seit zwei Tagen habe ich keinen Bissen gegessen, mein Vermieter hat mir gekündigt, ich weiß nicht mehr weiter. Ich bin so ein Schlimmassl. Hilf mir!«

  Leibl musterte den Schnorrer aufmerksam und fragte: »Was bist du denn von Beruf?« Der Schnorrer dachte kurz nach und sagte dann traurig: »Ich war wer! Ich war bei den Wiener Symphonikern.« – »Und welches Instrument spielst du?« Der Schnorrer hielt kurz inne: »Oboe.« Eisenberg ging aus dem Zimmer und kam gleich darauf mit einer Oboe in der Hand zurück. »Spiel mir doch was vor.« Der Schnorrer seufzte tief: »Du siehst! Was habe ich dir gesagt. Ich bin einfach ein Schlimmassl. Pinkt a Oboe musst du haben!«

- Trifft der Grün den Blau. »Wie geht es dir?! Lange nicht gesehen!« Sagt der Blau: »Oj, wenn du wüsstest. Wir Musiker haben es nicht leicht. Es fehlt vorn und hinten.« Fragt der Grün: »Ich hab's vergessen, was für ein Instrument spielst du?« – »Fagott.« Sagt der Grün: »Ja dann! Das kann ja nicht gut gehen. Far die Leit musst du spielen und nicht far Gott.«

Luxuszores – Hypochonder wie du und ich

Aber reden wir vom Erfolg und nicht von seinen Schattenseiten. Mit dem Leben nach dem Krieg und dem ersten Wohlstand kam auch der Luxus, die Möglichkeit nicht mehr nur ums bloße Überleben kämpfen zu müssen, sondern die gar nicht selbstverständliche Gelegenheit, sich um seine Lebensqualität kümmern und ein paar Luxusprobleme entwickeln zu können. Wohl darum kenne ich so viele Witze über Hypochonder:

- Letztens rief im AKH eine Frau an: »Ich möchte über eine Patientin Näheres erfahren.« – »So einfach geht das nicht«, informierte die Telefonzentrale. »Wie heißt denn die Patientin? Wo liegt sie? Welche Zimmernummer?« – »Das verstehe ich«, zeigte sich die Anruferin kooperativ. »Ich will wissen, wie es Eva Eppstein geht. Allgemeine Chirurgie. Zimmer 37.« – »Einen Moment, ich verbinde.« Es meldete sich die richtige Station, nach einer Weile war endlich der Oberarzt am Telefon. »Sie können ganz beruhigt sein, es geht ihr viel besser. Nach der OP haben wir uns Sorgen gemacht, aber es geht stündlich bergauf.

Frau Eppstein isst schon zweimal am Tag und geht herum, wir sind alle sehr zuversichtlich, möglicherweise können wir sie schon nächste Woche entlassen.« – »Das freut mich«, war die Anruferin begeistert. »Sind sie eine Verwandte?«, fiel es dem Arzt etwas spät, aber doch ein zu fragen. »Aber nein!«, gab die Anruferin bereitwillig Auskunft. »Ich bin Eva Eppstein, aber mir sagt man ja nichts!«

- Ein Mann liegt im Spital und soll operiert werden. Er war schon im OP, kurz vor der Operation, der Anästhesist machte sich schon bereit, die Narkose einzuleiten, da springt der Patient vom OP-Tisch auf und rennt los. Der Primar erwischt ihn gerade noch am Ärmel und fragt: »Was ist denn los mit Ihnen? Haben wir Sie nicht auf Händen getragen? Ihnen die verschiedensten Anästhesisten, OP-Schwestern und Operateure zur Auswahl vorgelegt, Ihnen von jedem Einzelnen die genauen Qualifikationen berichtet und belegt, Sie bis jetzt gerade, kurz bevor wir Ihnen die Narkosemaske aufsetzen wollten, einfühlsam gestreichelt wie ein krankes Pferd? Was ist mit Ihnen?«

Der unverstandene Patient seufzte: »Schauen Sie, Herr Professor, ich will mich ja nicht beschweren, aber gerade noch hat diese nette OP-Schwester gesagt: ›Machen Sie sich keine Sorgen, ich hab' das schon hundert Mal gemacht, bei so einer kleinen Operation ist Risiko ja praktisch auszuschließen. In ein paar Minuten ist die Sache erledigt, und Sie können wieder gemütlich nach Hause gehen.‹«

Der Primar schüttelte verständnislos den Kopf. »Wieso sind Sie dann davongelaufen?« – »Sie hat es ja nicht zu mir gesagt, sondern zum Chirurgen!«

■ Schmerzverzerrt sagt Katz zu Levy: »Kannst du mir einen Zahnarzt empfehlen?« Levy läuft sofort zu Hochform auf: »Kann ich dir einen Zahnarzt empfehlen?« Er bleckt die Zähne, deutet stolz auf zwei schneeweiß schimmernde Zahnreihen, geradezu nach Applaus heischend.

»Bitte! Kannst du mir einen Zahnarzt empfehlen?! Einen Namen brauche ich! Eine Telefonnummer, eine Adresse – und zwar jetzt!« Levy zelebriert langsam, voll Bewunderung und Bedeutung: »Primar Dr. Meier! Pötzleinsdorferstraße Nummer 7, fünfter Stock. Mit Lift.« – »Wie warst du mit ihm zufrieden?« – »Das muss ich dir kurz erzählen«, gibt Levy bereitwillig Auskunft: »Als ich 1947 nach Wien gekommen bin, du kannst es mir glauben, hatte ich nicht alle meine Zähne im Mund. Du hättest mit so jemandem auch keine Geschäfte gemacht. Die Zähne waren wichtig. Habe ich Geld dafür gehabt? Natürlich nicht. Also brauchte ich einen günstigen Dentisten. Nicht leicht zu finden. Das erste Angebot: 20 000 Schilling nur für die vorderen Zähne. Beißen hätte ich dann immer noch nicht können. Der zweite Zahnarzt, gefiel mir schon besser. Der hätte mir immerhin das ganze Gebiss saniert und das um nur 10 000 Schilling! Aber ich frage dich: Wenn ich damals 20 000 oder auch nur 10 000 Schilling gehabt hätte, hätte ich dann einen Zahnarzt gebraucht? Der nächste Zahnarzt,

Dr. Meier, den hat mir der Ober im Pax empfohlen. Und was soll ich dir sagen, der Dr. Meier hat mich untersucht, und was glaubst du, was der verlangt hat? Für die gesamte Sanierung, Vorderzähne und alle anderen?« – »Ich weiß nicht. Sag schon!«, zischt Katz zwischen seinen schmerzenden Zähnen hervor. – »Das rätst du nie! 1000, nur 1000 Schilling. Für alles. Na jedenfalls bin ich dann sofort zum Meier in die Pötzleinsdorferstraße gegangen. Die fünf Stockwerke hinauf, hab' ihm die 1000 Schilling auf den Tisch geknallt, und schau her, was ich jetzt im Mund hab'!«

Katz leidet. »Komm zur Sache! Bist du zufrieden mit dem, was der Meier mit deinen Zähnen gemacht hat?!« Levy lehnt sich genussvoll zurück: »Du kennst ja meinen Sohn. Ich brauche dir ja nicht zu sagen, dass er zu den besten Rechtsanwälten in Wien zählt.« Katz krümmt sich. Levy fährt fort: »Er hat ja die schönste Villa in Hietzing gebaut. Eines Tages hat er mich eingeladen, es war am Mittwoch. Ich wollte mir kein Taxi nehmen. Ich bin mit der Straßenbahn gefahren. Ich war nur noch nie in Hietzing, also bin ich zuerst falsch eingestiegen, dann musste ich bei der nächsten Station wieder aussteigen – du weißt ja, wie das ist.«

Katz wird bleicher und bleicher. Er fleht seinen Freund an: »Bitte! Bitte! Bist du mit deinen Zähnen vom Meier jetzt zufrieden oder nicht?!« – »Ich erzähle es dir ja gerade. Also: Ich komme in dieser wunderschönen Villa von meinem Sohn, dem Rechtsanwalt, an und läute. Niemand zu Hause. Ich war viel zu früh dran. Es war ein heißer Sommertag, wie gesagt ein Mittwoch, wo mein Sohn immer sehr lang in der Kanzlei ist, und er hat natürlich ein Swimmingpool. Also bin ich über den Zaun geklettert, hab' mich ausgezogen, gleich hinter den Rosensträuchern, und bin ins Becken gesprungen. Ich sage dir, es war eine Mechaje, eine Wonne! Ich schwimme so vor mich hin, und, stell dir vor, plötzlich spricht mich über den Gartenzaun hinweg eine blutjunge und bildschöne Frau an und fragt mich: ›Sie haben's gut! Mir ist auch heiß! Darf ich …?‹ Was soll ich dir sagen, das konnte ich so einer Nekejwe, dieser schönen, jungen Frau, doch nicht abschlagen, oder? Also sage ich zu ihr: ›Das ist das Pool von meinem Sohn, dem berühmten Rechtsanwalt. Der hat sicher nichts dagegen.‹ Und stell dir vor, sie klettert auch über den Gartenzaun, zieht sich auch aus, aber ganz. Sie ist splitternackt zu mir ins Pool gesprungen. Na, was soll ich dir sagen. Wir schwimmen nach links, wir schwimmen nach rechts, sie kommt immer näher, ich komm' immer näher, wir berühren einander, ganz zufällig zuerst, dann nicht mehr so zufällig. Das hat gedauert, lass mich kurz überlegen, ich würde sagen, eine Viertelstunde.«

Katz bricht langsam zusammen. »Sag doch schon endlich, ob du mit dem Zahnarzt zufrieden bist!« – »Also gut«, zeigt sich Levy endlich einsichtig, »das waren die einzigen fünfzehn Minuten in den letzten dreißig Jahren, wo mir die Zähne nicht wehgetan haben!«

■ Der alte Mendelsohn kam zum Arzt und ließ sich untersuchen. Er hatte ein wirklich großes und vor allem peinliches Problem. Er furzte die ganze Zeit, andauernd, aber, wie er betonte: »Lautlos und geruchsfrei.« Der Arzt nickte verständnisvoll und gab ihm eine bunte Auswahl an Medikamenten mit: »Diese Tabletten bitte immer zum Frühstück in der ersten Woche, die grünen Kapseln nehmen sie jeden Abend in der zweiten Woche, und in der dritten Woche kommen Sie wieder zur Kontrolle.«

Drei Wochen zogen ins Land, Mendelsohn kam zur Kontrolluntersuchung. »Wie geht's Ihnen?«, fragte der Arzt empathisch. »Sie schauen nicht sehr glücklich drein.« Der alte Mendelsohn seufzte tief: »Es hat alles nichts geholfen. Ich furze noch immer ständig und dauernd, aber jetzt stinkt es nachher immer so fürchterlich. Was kann das sein?«

Der Arzt beruhigte ihn: »Es ist alles in Ordnung. Die Therapie schlägt an. Bis jetzt haben wir nur ihren Geruchssinn behandelt, jetzt kümmern wir uns um die Schwerhörigkeit.«

Ein Jahr verging, irgendwann war alles repariert. Der alte Mendelsohn kam ganz stolz nach Hause und verkündete: »Ich bin ein ganz neuer Mensch! Ich hab' mir jetzt auch noch ein Hörgerät gekauft, und jetzt hör' ich wieder wie ein Luchs. Die Vöglein zwitschern wie schon lange nicht mehr, die Meeresbrandung rauscht wie nie zuvor, und die Musik im Radio klingt endlich wieder wie Musik!«

Sein Sohn entgegnete ganz glücklich: »Ich freu mich für dich, Papa. In welchem Geschäft hast du es denn gekauft?«

Der alte Mendelsohn strahlte: »Gar nicht teuer, 250 Euro.«

Diese Geschichten stehen für die zeitweilige Freude, Luxus-probleme zu haben – bis sich die Zeiten wieder einmal ändern.

Ich kenne noch viele andere Hypochonder-Geschichten, aber ich schwöre, das hat absolut nichts damit zu tun, dass ich selber einer bin. Am Tor 4, der israelitischen Abteilung am Wiener Zentralfriedhof, liegen ausschließlich Hypochonder. Und es hat ihnen niemand geglaubt!

Die Tür in der Außenmauer

Integration und Paradoxon

Die meisten Juden, die vor dem Krieg in Wien lebten, waren nicht nur bestens integriert, ein Teil war sogar bis zur Unkenntlichkeit ihrer jüdischen Identität assimiliert. Einige ließen sich taufen, sie wuchsen auf, ohne die jüdischen Traditionen zu kennen, und waren überzeugte, patriotische Österreicher. Waren jüdische Philharmoniker vor dem Krieg also nicht ausreichend integriert? Oder jüdische Rechtsanwälte und Ärzte, Wissenschaftler, Universitätsprofessoren? Und nicht zu vergessen die jüdischen Künstler, Flickschuster und Schneider, die so gar nicht in das »Stürmer«-Judenbild passten? Was geschah mit den berühmten jüdischen Komponisten von typischen Wienerliedern wie »Schinkenfleckerln«, »In einem kleinen Café in Hernals« oder »Ich bin ein stiller Zecher«? Sie fanden sich genauso wie die sogenannten Kaftan-Juden im Exil oder im KZ wieder.

Nach dem Krieg öffneten dennoch auch die Ostjuden in Wien die Tür zur Außenmauer auf ein Neues. Das Schtetl im Wiener Dorf blieb zwar unter sich, war eine Gemeinschaft, die sich klar innerhalb und erst recht nach außen abgrenzte. Trotzdem, sobald der Generation meiner Eltern klar wurde, dass sie wohl doch nicht nur auf der Durchreise waren, integrierten sie sich auch in ihre Außenwelt in Wien.

Im galizischen Jablonica hatten die Juden auf die primitiven Huzulen herabgesehen. In Budapest oder Wien schauten sie zur urbanen Kultur auf. Im menschlichen Streben, sich nach oben zu orientieren, ging hier das Jiddische nach und nach verloren, während es sich im Osten hielt.

Die Gestrandeten standen zunächst unter Kulturschock. Aber sie hatten eine klare Vision: Sie alle wollten ein neues Leben, wollten ihr altes Leben mit all der Trauer, dem Schmerz, den Verlusten loswerden.

Der Antisemitismus hatte sich langsam wieder zu einem Salonantisemitismus gewandelt. Den nahm man irgendwann schulterzuckend zur Kenntnis. Diese Variante war im Vergleich zu früher harmlos. Das ist auch einer der Gründe, warum die Generation meiner Eltern nie an Restitution gedacht hat. Abgesehen davon, dass sie nicht im Traum damit rechneten – waren schließlich die ehemaligen Nazis weiterhin in Schlüsselpositionen der Gesellschaft –, war die erste Priorität der Generation meiner Eltern der wirtschaftliche Aufbau. Das Thema Restitution wurde erst in der nächsten und übernächsten Generation lebendig.

Meine Eltern sprachen nicht viel darüber, was sie erlebt hatten. Im Lauf der Zeit erfuhr ich, was sie durchgemacht hatten, und werde wohl wie viele der zweiten und dritten Generation ihr Trauma weiter in mir tragen.

Die treibende Kraft war, niemals zurück in die Vergangenheit zu schauen, sondern den Wunsch nach einem lebenswerten Leben umzusetzen. Als Nebeneffekt gelang dadurch Integration, ohne dass deshalb Assimilation das Ziel gewesen wäre.

Die Logik der heutigen Debatte verläuft anders: Erst Sprachkurs und Wertekurs als Voraussetzung für Integration, dann erst sollen der Zugang zum Arbeitsmarkt, Einstieg ins Berufsleben und Erfolg möglich sein.

Für die Einwanderer-Generation meiner Eltern war es genau umgekehrt. Die meisten Wiener Ostjuden blieben wie andere Migrantengruppen auch zwar sehr wohl vorwiegend unter sich, aber auf dem Weg zu ihrer Vorstellung vom Leben lernten sie ganz selbstverständlich und ohne staatlich geförderte Kursangebote Deutsch und im Arbeitsalltag auch automatisch die kulturellen Spielregeln jenseits der Sprache. Sie blieben ihrer Herkunft treu, aber sie lernten, sich in einer anderen Kultur zu bewegen:

Maurice Fountainebleau heißt er jetzt? Ich kenn' ihn noch als Moische Pischer!

Für alle Juden blieb das unsichtbare Fragezeichen, ob man nach dem, was war, noch in Österreich oder Deutschland leben sollte. Immigranten aus dem Osten und aus der Emigration zurückgekehrte, assimilierte Wiener Juden blieb das schlechte Gewissen, hier zu sein oder nach Wien Heimweh zu haben, gemeinsam. Viele von uns und unsere Kinder konnten hier auch deshalb nie Wurzeln fassen. Aber könnten wir es ohne Zweifel und Vorbehalte, hätten wir ein anderes, ein gravierendes moralisches Problem: Wie dürfen wir uns wohl fühlen, wo doch unsere Vorfahren hier ermordet wurden? Verraten wir sie nicht, wenn wir zur Tagesordnung übergehen und unser gutes Leben allzu entspannt genießen?

In gewisser Weise ist es ein Paradoxon. Meine Eltern hatten alles getan, um mir ein besseres, ein unbeschwertes, sicheres Leben in Wohlstand zu ermöglichen. Und da stehe ich nun, kenne keinen Hunger, keine materiellen Entbehrungen, durfte in Schulen gehen, studieren, ging gut und sicher begleitet in mein Berufsleben und gründete behütet und geborgen meine eigene Familie.

Gerade deshalb ist es mir völlig unmöglich, sorglos und unbeschwert zu sein. Und so verweigere ich meinen Eltern die Freude, genau das für mich erreicht zu haben, was sie sich so sehnlich gewünscht haben.

Paradox. Und real. Entwurzelt.

Identitäten, so viele Identitäten

Unsere Vielfalt und die in der Folge unweigerlich auftauchenden Loyalitätskonflikte sind die Essenz der jüdischen Identität. Als die politische und gesellschaftliche Landschaft noch klarer links oder rechts zuordenbar oder nach sonstigen Ideologien und wofür sie stehen zu unterscheiden war, musste man sich fragen: Kann ein Kommunist oder ein Sozialist gleichzeitig Zionist sein? Kann ein Zionist gleichzeitig religiös sein? Es erkennen die Extremisten unter den Orthodoxen doch schließlich nicht einmal den Staat Israel an. Kann man atheistischer Jude sein?

Wie bringt man diese Vielfalt des Fühlens und Denkens über die eigene Identität unter einen Hut? Was macht jüdische Identität aus, die sich von der Opferrolle verabschiedet hat? Wenn sich ein Jude weder über die religiösen Gesetze noch über gemeinsame Gegner und Feinde definieren will, wie definiert er sich dann?

Unser ewiger Identitätskonflikt hat auch – selten, aber doch – das hervorgebracht, was als »jüdischer Selbsthass« in die einschlägigen Annalen eingegangen ist. Das Phänomen ist eine Art Stockholm-Syndrom. Es äußert sich in einer schmerzhaften Zerrissenheit zwischen dem zentralen menschlichen

Sehnen dazuzugehören und der Realität, es niemals zu schaffen. Auch das ist eine Identitätsfacette, die sich im jüdischen Humor spiegelt.

Diese Zores der komplexen, vielschichtigen Identitäten und Widersprüche machen uns aus. Aber es ist auch ganz schön anstrengend.

Geht es auch anders? Ja, vielleicht.

Amerikanische Juden sind im Allgemeinen, jedenfalls in meiner Wahrnehmung, patriotischer als europäische Juden. Sie können sich als Amerikaner fühlen. Viele von ihnen sind zwar bewusste Juden, aber letztlich empfinden sie sich vorrangig als Amerikaner. Sie stehen auch nicht auf den Massengräbern ihrer Vorfahren. Das macht es leichter, bei der amerikanischen Nationalhymne stramm zu stehen, die rechte Hand aufs Herz zu legen und mitzusingen. Viele Juden aus Österreich oder Deutschland mutet das seltsam an.

Vereinfacht gesagt: Wenn ein amerikanischer Jude nach Israel geht, stehen die Chancen gut, dass religiöse Gründe dahinterstecken. Geht ein europäischer Jude nach Israel, fühlt er sich als Jude bedroht und fürchtet um die Zukunft seiner Kinder.

Ich erlebe dieses Gefühl selbst immer wieder. Jedes Mal, wenn ich von Reisen nach Europa zurückkehre, schaue ich mir dabei zu, wie sich mein Bewusstsein ändert. Einerseits freue ich mich immer darauf, wieder zu Hause in Wien zu sein, meine Freunde wiederzusehen, meinen grantigen Kellner in meinem Stammcafé zu treffen, der schon weiß, was ich will, bevor ich bestelle, oder in die Oper und ins Theater zu gehen. Andererseits fühle ich mich in Europa als Jude verwundbarer als anderswo. Warum machen wir es uns so schwer? Warum ist es so unmöglich, einfach nur zu genießen?

Kürzlich war ich in Australien und habe die jüdische Gemeinde dort als säkular, liberal und offen in alle Richtungen der australischen Gesellschaft erlebt. Sie ist ein unbelasteter Teil davon. Den australischen wie den amerikanischen Juden ist der Konflikt der in Europa lebenden Juden erspart geblieben. Sie wurden nie verfolgt oder diskriminiert, leben in Frieden, fühlen sich fair behandelt und können entspannt eine jüdische genauso wie auch eine australische Identität leben.

Diese ewigen inneren Zweifel und Konflikte sind für mich nicht nur graue Theorie. Das ständige Hinterfragen und Zweifeln ist wohl ein genetischer Defekt. Manchmal wache ich mitten in der Nacht auf, weil ich mir keine Ruhe gebe und mir ständig widerspreche.

»Ich Idiot. Warum mache ich um die jüdischen Feiertage so ein Theater. Ich gebe doch dauernd damit an, ein Vernunftmensch und Atheist zu sein, und dann mache ich doch den ganzen religiösen Zinnober mit? Wieso faste ich zu Jom Kippur? Ist doch lächerlich. Es schwächt mich, ich habe Hunger und Durst, kriege Kopfweh, und außerdem ist es ungesund. Und warum esse ich kein Schweinefleisch und will auch nicht, dass es meine Familie isst? Ich werde nie wissen, wie gut ein Schweinsbraten schmeckt. Wie erkläre ich mir, ich Atheist, der ich doch bin, diesen Widerspruch?«

»Geh komm«, werde ich langsam sauer auf mich, »diese Traditionen haben mein Vater, mein Großvater, mein Urgroßvater und ihre Vorfahren gepflegt, und gerade ich soll damit aufhören und meinen Kindern diese Kette zerreißen? Wenn ich diese Traditionen in Vergessenheit geraten lasse, was verbindet mich dann noch mit den anderen Juden auf der Welt? Nur noch die Verfolgungsgeschichte? Ich bin doch kein Berufsopfer! Kommt ja nicht infrage! Unter gar keinen Umständen. Also Ruhe jetzt.«

»Wie ich wieder mit mir rede! Respektlos. Echt ärgerlich.«

»Ja, weil's ja wahr ist. Wenn ich schon meine zionistischen Parolen höre. Zionismus ist auch nur eine Form von Nationalismus. Wieso schau ich mir nicht an, was der Nationalismus im Lauf der Geschichte angerichtet hat? Kriege, Massenmorde, Diskriminierung, Ausrottung. Und da muss ausgerechnet ich unbedingt Zionist sein?«

»Also jetzt aber wirklich«, werde ich immer wütender auf mich, »Zionismus ist doch nicht dasselbe wie Nationalismus. Das ist ganz etwas anderes. Die Juden haben im Lauf ihrer Geschichte gelernt, dass sie als Minderheit in anderen Ländern vogelfrei sind, ihre Rechte verlieren und ermordet werden. Also ist es doch legitim, nach Tausenden von Jahren ein eigenes Land haben zu wollen und dort auch die Mehrheitsbevölkerung zu sein.«

»Also gut, soll sein«, versuche ich Verständnis für mich zu haben. »Als ob das der einzige Blödsinn wäre, an den ich glaube. Jetzt bin ich schon so alt und immer noch ein hoffnungslos leidenschaftlicher Idealist und glaube immer noch daran, dass alle Menschen Brüder sind, dass die Reichen die Armen unterstützen, dass das Gute und die Gerechtigkeit siegen werden … Pffff. Ich rede nur Schwachsinn«, werde ich immer ärgerlicher mit mir.

Und genau wegen solcher Dialoge kann ich nicht schlafen und bleibe hellwach.

Wir und die Gojim

Wir können uns schon seit Jahrhunderten drauf verlassen, dass es irgendwo Antisemiten gibt, die uns umbringen wollen. Manche von uns gehen davon aus, dass es im Menschenvolk sowieso nur Juden oder Antisemiten gibt – zumindest dann, wenn es wirklich um etwas geht. So ist unsere oft argwöhnische und vorsichtige Auseinandersetzung mit Nicht-Juden wohl oder übel ein Teil unserer Geschichte und unserer Identität, auch wenn es mir lieber wäre, es wäre nicht so.

Unbefangener Umgang zwischen Juden und Nicht-Juden ist aus unserer gemeinsamen unerfreulichen Geschichte heraus selten. Gut gemeintes, philosemitisches Interesse und Bewunderung derer, die meistens auch gar keine Gelegenheit haben, Juden persönlich zu kennen, lehnt sich weiterhin an die alten antisemitischen Stereotypen an. Die besagen unter anderem, dass Juden sich zwangsläufig mit Geld auskennen, Einfluss haben, die Medien manipulieren, von Natur aus besonders intelligent sind, die Welt beherrschen und überall ihre Finger drin haben.

Das Schlimmste daran ist, dass es manchmal gar nicht antisemitisch gemeint ist. Aber leider ist Philosemitismus nun mal die Kehrseite ein und derselben Medaille. Wie schon Kurt Tucholsky wusste: »Das Gegenteil von gut ist gut gemeint.«

Fakt hingegen ist – und das tut mir in der Seele weh –, dass es unter den Juden naturgemäß mehr als genug gibt, die es zu nichts bringen, die nirgendwo etwas zu sagen haben und die genauso hilflos durchs Leben tappen wie andere auch. Leider kriegen wir das mit der »jüdischen Weltverschwörung« schon allein deshalb nicht hin, weil es mehr Meinungen als Juden gibt und wir damit beschäftigt sind, uns untereinander nicht einig zu sein. Schon allein deshalb haben wir gar keine Zeit für die Weltherrschaft, die man uns weiterhin nachsagt. Also überrascht es mich immer wieder, wenn mir jemand begegnet, der mich komplett überschätzt, so wie der über fünfzigjährige Direktor meiner Bank, der mich – als ich ein 22 Jahre alter Jungunternehmer war – fragte: »Was ist denn ihre Prognose für die Entwicklung des Dollars?« Ich sah ihn völlig verblüfft an: »Das müsste ich doch Sie fragen. Sie sind doch der erfahrene Profi.« Aber er sah das wohl anders. Ich war schließlich Jude. »Ihr wisst doch so etwas«, meinte er.

Jahrzehnte danach hat sich nichts verändert. Erst kürzlich hatte ich ein Gespräch mit einem anderen, wesentlich jüngeren Bankdirektor. Es ging um den Unterschied zwischen Wahrnehmung und Wahrheit in der österreichischen Bevölkerung. Ich meinte: »Die Leute sind abgesichert, es hungert niemand, Bildung und medizinische Versorgung sind für jeden zugänglich, es gibt Urlaubsgeld, Weihnachtsgeld, Karenzgeld, Krankengeld, und das alles gibt es in dieser Form in fast keinem anderen Land. Trotzdem sind so viele Menschen hier unzufrieden.« – »Sie haben recht«, meinte er und fuhr bedauerlicherweise fort, »aber wer schürt das denn? Das müssten Sie doch wissen, Sie sind ja ein Insider.«

Was soll man da noch sagen!

Jeder interpretiert, was er wahrnimmt, selektiv durch die Brille seines Erlebens und Wissens. Und so entstehen aus einem alltäglichen Ereignis ganz locker zwei völlig verschiedene Bedeutungen.

Eine jüdische Geschichte:

Bei einem durchschnittlichen Schabbes-Gottesdienst bietet die Torah mehrere Gelegenheiten, bei denen jemand aus der Gemeinde aufgerufen werden kann, bestimmte Stellen daraus zu verlesen. Juden gedenken auch der Todestage ihrer Eltern, Geschwister und Kinder. Zumindest an diesen Tagen geht man in die Synagoge, um ein Totengebet zu halten, und geht vorher zum Rabbiner oder Tempelvorstand und bittet um so einen Aufruf zur Torah, eine Alijah la Torah, in der jiddischen Kurzform Alije. Wird man aufgerufen, sagt man seine Segenssprüche und wünscht der Gemeinde, besonders seiner Familie, Gesundheit und Glück.

Die Reihenfolge, wann jemand zu dieser Ehre kommt, wurde irgendwann Tradition. Das barg nun wieder die Gefahr, dass sich schnell einmal jemand zurückgesetzt fühlte. Deshalb und um gerade in kleinen Gebetsstuben im Schtetl eine Möglichkeit zu finden, die entstehenden Kosten von der Miete über den Chasn bis hin zum Rabbiner zu bezahlen, begann man, die Ehre zur Torah aufgerufen zu werden, zu versteigern.

Dabei ging es immer genau so zu: laut. Der Auktionator versuchte mit Pathos, die Preise hochzutreiben, um für die Synagoge die Kosten zu erwirtschaften, die Bietenden wollten die Ehre gewinnen und versuchten mit Leidenschaft, einander zu überbieten. Später bürgerte es sich ein, freiwillig zu spenden, wenn man aufgerufen wurde. Das machte natürlich auch böses Blut, denn so oder so empfanden sich die Ärmeren oft als benachteiligt, weil sie meinten: »Ich kann mir das nicht leisten und komme daher nicht dran.« Das wiederum wurde dann so gelöst, dass man auch für jemand anderen spenden und damit einem Ärmeren diese Ehre auch schenken konnte.

Dieselbe Geschichte stellt sich in der nicht-jüdischen Wahrnehmung etwas anders dar, denn das alles kann ein Nicht-Jude, der zufällig so eine Versteigerung mitbekommt, natürlich nicht wissen. Also arbeitet er mit der Vorstellung, die er von Juden hat:

- Ein Nicht-Jude geht an einer Synagoge vorbei, wo gerade solche Alijot la Torah versteigert werden. Er weiß zwar nicht, worum es geht, aber er bekommt unmissverständlich mit, dass der landesweit bekannte, reiche Kaufmann Moskovitsch knapp davor ist, den offensichtlich sehr begehrten Zuschlag für irgendetwas zu bekommen.

  Noch bevor sich jemand wundern kann, huscht er schnell in die Synagoge und gibt ein höheres Gebot ab. Daraufhin kommt der Schammes auf ihn zugelaufen und zischt ihm zu: »Was machen Sie da? Sie sind doch kein Jude! Wieso steigern Sie denn da mit?« Daraufhin gibt der Eindringling zur Antwort: »Wenn der Moskovitsch 100 bietet, dann ist es sicher das Doppelte wert!«

Ein weiteres Missverständnis zwischen Juden und Nicht-Juden beginnt schon beim Sprachlichen. Was zuweilen zu Unrecht für jüdischen Witz gehalten wird, aber für mich keineswegs dazu gehört – und mich zutiefst anekelt und kränkt – ist, wenn jemand jiddelt, indem er Satzstellungen verdreht, einen vermeintlich jüdischen Tonfall anschlägt, und das womöglich noch unter Bemühen antisemitischer Klischees über Juden. Dieser gravierende Unterschied zwischen jemandem, der jiddelt, und einem Deutsch sprechenden Juden, an dessen Akzent man seine Muttersprache, nämlich Jiddisch, erkennt, ist mir wichtig. Wie würde ein »echter Wiener« empfinden, wenn in Tokio ein japanischer Publikumsliebling den Frosch in der »Fledermaus« auf Wienerisch spielen würde. Hielte er das für authentisch?

Vielleicht hat nicht jeder, zumindest bewusst, antisemitische Absichten, wenn er einen Tonfall anschlägt, der in seinen Ohren jüdisch klingt. Für mich ist dieses Jiddeln aber gleichbedeutend mit dem Spott, den ich beobachtet habe, wenn jemand das Deutsch meines Vaters mit dem Akzent seiner Muttersprache Jiddisch imitiert hat. Er selbst hat diese Nuance im Deutschen nicht bemerkt, ebenso wenig wie irgendjemand seinen eigenen Akzent in einer Fremdsprache hören würde. Ich aber habe es bemerkt und empfinde es bis heute als verletzende Respektlosigkeit gegenüber Juden.

Früher gab es im Schlosshotel in Velden traditionell auch jüdische Stammgäste. Es war üblich, am Nachmittag im »Roten Salon« Karten zu spielen, meistens Rummy, aber einige Mutige spielten auch – um viel Geld – Poker. Ich war noch in meinen Zwanzigern und hütete mich, mangels Erfahrung und Geld, mitzuspielen. Interessiert war ich aber durchaus, und ich streunte regelmäßig als Kiebitz um den Pokertisch herum und bildete mich weiter. Eines schönen Nachmittags saß ich neben einem Freund meines Vaters inmitten der Pokerrunde und beobachtete die jüdischen und nicht-jüdischen Kartenspieler. Einer der Letzteren bemühte sich redlich, jüdisch zu klingen, er jiddelte in breitestem Wienerisch vor sich hin und hielt es für Jiddisch. Mich ärgerte das maßlos, aber ich hielt mich vorerst zurück, um das Spiel nicht zu stören. Später machte ich

meinem Ärger dem Freund meines Vaters gegenüber Luft.
Ihm war nichts aufgefallen, denn sein Jiddisch war zwar perfekt, sein Deutsch aber mäßig. Ich seufzte und meinte wütend:
»Mich ärgert das! Mit einem Meidlinger L soll man nicht jiddeln. Sag ihm das!«

Am nächsten Tag sah ich derselben Pokerrunde zu. Mein
Feindbild, der Jiddler, tat es schon wieder und sogar noch ärger.
Ich konnte mich nicht zurückhalten und stieß den Freund
meines Vaters unterm Tisch gegen das Schienbein. Für einen
Moment war er irritiert und dachte, ich wollte ihn auf etwas
Wesentliches in seinem Blatt hinweisen, das er übersehen
hatte. Er sah mich erstaunt an, und ich deutete auf den jiddeln-
den Übeltäter. Jetzt wurde ihm zwar bewusst, was ich meinte,
aber es fiel ihm nicht mehr genau ein, was er ihm meiner Meinung nach sagen sollte. Also sagte er: »Der Erwin hat mir
gesagt, du redst mit eppes an komischen F.«

■ Ein Kiebitz versucht seinem Freund, der gerade Bridge
spielt, zu signalisieren, welche Karte er seiner Meinung
nach ausspielen solle, und deutet mit dem Finger höchst
auffällig unauffällig unentwegt auf sich selbst. Siegessicher
spielt also sein Freund Herz aus und verliert die Partie mit
Bomben und Granaten. Nun war der Kiebitz aber dran:
»Warum hast du mich, um Gottes Willen, so gedrängt,
Herz auszuspielen?!«

Der Kiebitz ist sich keiner Schuld bewusst und antwortet: »Wieso Herz? Ich heiße doch Pick!«

Juden waren und sind überall außer in Israel eine Minderheit.
Obwohl in den Medien die Schoah und die Geschichte und

Gegenwart der Juden in Israel andauernd thematisiert werden, hat der Großteil der europäischen Mehrheitsbevölkerung noch nie mit Juden zu tun gehabt und weiß auch wenig über das Judentum. Taucht also ein Jude erkennbar irgendwo auf, läuft er rasch Gefahr, der Repräsentant aller Juden zu werden. Dieses Phänomen kenne ich selbst wie viele andere auch.

Ich laufe zwar nicht mit Kaftan und Schläfenlocken herum, habe mich aber immer als Jude deklariert. Seit meiner Schulzeit in meinem ganzen Berufs- und Gesellschaftsleben außerhalb der »jüdischen Gasse« wurde ich immer schon für »die Juden« verantwortlich gemacht. Das geschieht besonders häufig im politischen Kontext. Während der Affäre um Waldheim wollte man mich rügen, ob »die Juden« nicht endlich Ruhe geben könnten. Regelmäßig bei dem einen oder anderen Israel-Thema, das auch auf Kritik stößt, werde ich gefragt, ob es »die Juden« nicht besser wissen sollten. In Köpfen wie diesen gibt es keinen Zweifel daran, dass mit »den Juden« irgendetwas Negatives in Verbindung zu stehen hat. Es ist ein Reflex.

Es gibt zwei Möglichkeiten, damit umzugehen. Entweder man geht in die Defensive und versucht sich anzupassen, oder man ist auf der Hut. Ich persönlich habe mich für Letzteres entschieden. Meine Kollegen haben mich nicht durch Zufall nie betrunken erlebt, auch nicht bei Gelegenheiten, wo das durchaus Usus war. Ich wollte nie die Kontrolle verlieren. Ich bleibe vorsichtig und gehe im Zweifelsfall eher in die Offensive. Es hat sich herausgestellt, dass es eine Frage der Zeit ist, bis ich zu hören bekomme, dass »ich« wieder einmal an irgendetwas schuld sei.

Sind umgekehrt wir angeblichen Weltverschwörer in der Betrachtungsweise der Nicht-Juden objektiv? Wie könnten wir? Wir haben eine Menge erlebt, das unsere Wahrnehmung geprägt hat. Uns trennen Leichenberge. Natürlich kann man keine Generation für die Verbrechen ihrer Eltern und Großeltern verantwortlich machen. Aber wie können wir sicher sein, dass sich alles und auf Dauer geändert hat und die Gojim, die Nicht-Juden, uns nur mehr friedlich und unbefangen begegnen werden?

Was ist überhaupt ein Goj? Zunächst einmal nur ein hebräisches Wort, das »Nation« oder »Volk« bedeutet. Die Bezeichnung Goj wird im Allgemeinen in Bezug auf Nicht-Israeliten verwendet und ist bis heute gebräuchlich, um auf Nicht-Juden zu verweisen. An vielen anderen Stellen der Bibel wird sie auch für die Israeliten selbst gebraucht, etwa als Abraham erfährt, dass er Stammesvater eines »Goj gadol«, eines »großen Volkes«, sein wird. Das ist aber eher der akademische Teil des Problems.

Der gebräuchlichste Grund, von einem »Goj« zu sprechen, ist die oft abschätzige Erwähnung eines Nicht-Juden, eines »gentile«, wie man ihn auf Englisch etwas höflicher bezeichnet. Trifft ein Goj einen Goj, hat man zwei Gojim vor sich. Das ist der Plural – meist kommen sie ja in Mehrzahl vor.

Zuweilen wird der Begriff aber auch in unverhohlener Bewunderung verwendet, nämlich dann, wenn ein Jude besonders kräftig gebaut ist. Dann sagt man: »A gewir wie a Goj« oder »Trinken ken er wie a Goj« – was ja eigentlich ein Fall jüdischen Antisemitismus ist, weil das von der Annahme ausgeht, dass ein »richtiger« Jude schwach wäre und keinen Alkohol vertragen würde.

Jedenfalls bleiben die Auseinandersetzung und Begegnungen mit Nicht-Juden selten unbefangen:

- Ein frommer Jude geht spazieren. Plötzlich kreist ein Vogel über ihm, erleichtert sich und hinterlässt das Produkt seiner Verdauung mitten auf dem neuen Hut des Juden. Verhärmt reckt der die Faust gen Himmel und ruft verbittert aus: »Und für die Gojim singst du!«

Andererseits haben wir gelernt, ein pragmatisches Volk zu sein, das über sich und seine Gefühle hinauswächst, um aus dem Unvermeidlichen etwas Positives zu machen:

- Abraham Gutmann kam geschäftlich nach Warschau. Als er mit seinen zwei Koffern aus dem Zug gestiegen war, schaute er sich um und sprach einen älteren Passanten am Bahnsteig an: »Sind Sie ein Antisemit?« Empört entgegnete ihm der: »Was fällt ihnen ein? Ich habe beim letzten Pogrom Juden versteckt und gerettet.« Gutmann seufzte, ging weiter und sprach eine Frau an. »Sind Sie Antisemitin?« Abermals schlug ihm indigniert entgegen: »Was fällt Ihnen ein? Einige meiner besten Freunde sind Juden!« Gutmann seufzte und schleppte seine beiden Koffer weiter den Bahnsteig entlang, fragte immer angespannter einen Passanten nach dem anderen und erhielt immer wieder ähnliche Antworten. Ein Judenfreund nach dem anderen.
  Schließlich hatte er Glück, und ein Mann gab ihm schroff, aber selbstbewusst zur Antwort: »Ja! Ich bin überzeugter Antisemit und stolz darauf.« Gutmann war erleichtert. »Gott sei Dank! Endlich ein ehrlicher Mensch.

Würden Sie bitte fünf Minuten auf meine Koffer aufpassen?«

Ein nicht unwesentlicher Teil humoristischer Formate generiert sich aus dem Vergleich, bei dem immer eine Dosis Wettkampf um Überlegenheit mitschwingt. Da sind wir Juden nicht anders:

- Eine bedeutende chinesische Firma schrieb eine noch bedeutendere Führungsposition aus, für die nur die Besten der Besten auch nur annähernd infrage kamen. Trotz des anspruchsvollen, fast unmöglich zu erfüllenden Anforderungsprofils meldeten sich unglaublich viele Bewerber. Alle mussten sich also mehreren Runden an anonymen Assessment-Tests stellen und wurden auf Herz und Nieren auf ihre Fähigkeiten geprüft.

  Endlich, endlich nach Wochen, war das komplexe Auswahlverfahren abgeschlossen. Der beste Bewerber stand fest und wurde von seinem Glück verständigt. Es stellte sich heraus, es war Joine Katz, der sich auch sofort auf den Weg zum Personalchef Tschu machte, um seinen Vertrag zu unterschreiben.

  Tschu schluckte. Vor ihm stand ein orthodoxer Jude in voller Ausrüstung von Kaftan bis Pajes und mit langem Bart und sah so überhaupt nicht chinesisch aus. Tschu war klar, dass er damit bei der Konzernzentrale nicht durchkommen würde. Nie im Leben konnte er eine so wichtige Führungsposition mit einem so wenig chinesischen Typen besetzen. Andererseits, es gab keine Zweifel, der da war der Beste für den Job.

Tschu seufzte und kam schließlich zu einer Lösung: »Herr … äh … Katz. Sie können den Job haben, Sie waren ohne Zweifel der Beste im Auswahlverfahren, aber es muss Ihnen klar sein, wir sind ein chinesischer Konzern, der hat seine Spielregeln … äh … sie müssen sich zumindest den Bart und diese Schläfenlocken abschneiden.« Joine Katz sah das nicht wirklich ein: »Das kann ich nicht, tut mir leid.« Tschu konnte nicht fassen, dass jemand es riskierte, einen derart tollen Job nicht zu bekommen, nur weil er zum Friseur gehen sollte. »Wieso nicht?«

Bereitwillig erklärte Joine: »Mein Vater hat Bart und Pajes gehabt, mein Großvater hat Bart und Pajes gehabt, mein Urgroßvater hat Bart und Pajes gehabt, sieben Generationen vor mir haben Bart und Pajes gehabt. Ich kann mir Bart und Pajes nicht abschneiden.« – »Das ist doch kompletter Blödsinn«, entgegnete Tschu, »mein Vater hat einen Zopf gehabt, mein Großvater hat einen Zopf gehabt, mein Urgroßvater hat einen Zopf gehabt, sieben Generationen vor mir haben einen Zopf gehabt, aber ich habe den Zopf abgeschnitten, weil wir im 21. Jahrhundert leben!«

Joine schüttelte nur mitleidig den Kopf und sagte: »Aber ein Zopf ist doch nicht schön!«

▪ Sonntag war's, der alte Salomon Goldberg ging in die St. Nimmerleinskirche und stellte sich in der langen Schlange vor dem Beichtstuhl an. Endlich kam er dran. »Vater, ich habe gesündigt«, flüsterte er, wie es sich hier gehörte. »Seit meine Frau gestorben ist, war ich so allein und traurig.« – Der Pfarrer wunderte sich aus mehr als einem Grund und raunte zurück: »Das ist ja noch keine

Sünde, mein Sohn. Du bist schon ziemlich betagt, hilft dir denn jemand in dieser traurigen Situation?« – »Ja, schon. Zweimal in der Woche kommt eine Heimhilfe, die mir das Nötigste abnimmt.« – »Und wo ist da die Sünde, mein Sohn?« – »Ach, Vater, gestern war die Heimhilfe wieder da.« – »Ja?« – »Da war ich so besonders traurig und allein.« – »Jaaaa?« – »Ich weiß nicht, was mit mir los war, aber ich habe mich wie ein Verrückter auf sie gestürzt und, was soll ich Ihnen sagen, ich hatte Sex mit ihr. Sieben Mal hintereinander! Ohne Pause!« – »Hmm«, überlegte der Priester kurz, »wann hast du das letzte Mal gebeichtet, mein Sohn?« – »Wieso gebeichtet? Ich bin Jude.« – »Und warum erzählst du das dann gerade mir?« Der Mann hörte auf zu flüstern und sagte: »Wieso gerade Ihnen? Ich erzähl' es doch jedem!«

– Ein Pfarrer, ein Imam und ein Rabbiner unterhalten sich über ihre Levaje, ihr Begräbnis. Der Gallach räsoniert: »Ich würde mir wünschen, dass ich hören könnte, was man auf meinem Begräbnis über mich sagt. Ich würde mich zum Beispiel freuen, wenn man sich daran erinnert, wie ehrlich ich war, wie bescheiden und wie gottesfürchtig.«

Der Imam nickt und gibt seine eigene Bestattungsfantasie zum Besten: »Ich würde gerne hören, wie sehr ich ihnen allen fehlen werde, dass mein Nachfolger nie an mich heranreichen wird und dass, außer den 72 Jungfrauen, die im Paradies auf mich warten, ohne mich niemand mehr glücklich werden kann.«

Der Rabbiner schweigt. Die beiden anderen wundern sich: »Und du? Was würdest du gerne hören?« »Nu«, meint der Rabbiner, »ich würde mir wünschen, dass sie sagen ›Schau, er bewegt sich!‹«

- Frau Kohn und Frau Levy, die es bis Amerika geschafft haben, unterhalten sich über die Zukunft: »Hast du schon verfügt, wie du – natürlich nach 120 Jahren – bestattet werden willst?« – »Ich lass' mich verbrennen, und meine Asche soll bei Bloomingdale's verstreut werden.« Frau Kohn wundert sich und nicht nur deshalb, weil sich Juden eigentlich nicht verbrennen lassen dürfen: »Wieso um Gottes Willen gerade bei Bloomie's?« – »Da gehen meine Töchter zweimal die Woche hin, und so habe ich wenigstens regelmäßig Besuch.«

Juden haben immer wieder versucht, sich zu integrieren, zu assimilieren, und das bedurfte zuweilen harter Verhandlungen mit Gott, an den sie nicht unbedingt glauben:

- Haskel Rosenfeld war in einem streng orthodoxen Elternhaus erzogen worden, und als er erwachsen war, hatte er genug davon und wurde Atheist. Er heiratete eine Schickse, und ihre Kinder bekamen gojische Namen. Hänsel, Gretl und Sepp. Haskel aß mit Genuss trefe, koscher zu essen, interessierte ihn nicht, er erfreute sich an Jom Kippur an einem Schweinsbraten und fuhr mit dem Auto am Schabbes zum Fußballmatch. Auch sonst machte er sich bei jeder sich bietenden Gelegenheit über die Religion seiner Kindheit lustig und ignorierte alle Gebote und Verbote, am liebsten, während er herzhaft in eine Leberkässemmel biss, und alles war in Ordnung.

Eines Tages kam der kleine Sepp ganz aufgeregt von der Volksschule nach Hause. »Papa! Papa! Hast du gewusst, dass es eine heilige Dreifaltigkeit gibt? Gott Vater, Gott Sohn und einen Heiligen Geist?!« Haskel, der dachte, dass er längst erfolgreich als Harald durchs Leben ging, wurde wütend. »So ein Blödsinn! Es gibt nur einen einzigen Gott« und erschrak im selben Moment. Rasch fuhr er fort: »Und an den glauben wir nicht!«

■ Moishe Ari Lebovich, der es ebenfalls geschafft hatte, in Amerika anzukommen, wollte endlich so richtig dazugehören und ging daher schon gründlicher vor. Er war viele Jahre lang frustriert, weil es ihm und seinesgleichen verwehrt blieb, in den nobelsten Country Club der Gegend aufgenommen zu werden. Er beschloss, zu handeln und etwas dagegen zu unternehmen. Er ließ seinen Namen auf Christopher Covington-Marlowe ändern. Er ließ sich von einem Baptistenprediger taufen. Er ließ sich die Nase verkleinern. Er wurde führender Aktivist bei den christlichen Fundamentalisten. Er nahm Sprachunterricht, um sich einen edlen WASP-Akzent anzueignen, und zwang sich bei dieser Gelegenheit, sein Vokabular anzupassen und auf Mimik und Gestik zu verzichten. Schließlich trat er zum Aufnahmegespräch im Country Club an und bestand mit Bravour alle mündlichen Tests zur vollsten Zufriedenheit des Präsidiums. Zustimmend nickte der Vorstand: »Mr. Covington-Marlowe, abschließend nur noch eine letzte Frage. Welcher Religion gehören Sie an?« – Die Antwort kam wie aus der Pistole und stolz: »Ich bin ein Goj!«

■ Rachel Goldschmidt ging aus dem Haus, ein Ziegel fiel ihr auf den Kopf, und sie war tot. Als sie vor den Schöpfer trat, beschwerte sie sich gleich, und zwar ordentlich: »Das war jetzt aber wirklich gemein. Ich bin gerade einmal fünfzig, ich hatte noch so viel vor im Leben, und du nimmst es mir jetzt schon weg?« Gott überlegte kurz, strich sich den Bart und sagte: »Nu, was soll ich sagen. Du hast recht. Ich sag' dir was. Du gehst zurück auf die Erde, ich lege noch mal zwanzig Jahre drauf, und als Wiedergutmachung für den Schock gebe ich dir 100 000 Euro mit.«

Rachel war zufrieden, ging nach Hause und verprasste ihr neues Vermögen. Sie checkte in der besten Schönheitsklinik ein und ließ sich von den besten Ärzten liften. Dann flog sie nach Paris und ließ sich von den besten Haute Couture Designern neu einkleiden, ging zum Friseur und ließ sich die besten blonden Extensions aus europäischem Echthaar machen. Als sie blond gelockt den Friseur verließ, kam ein Auto um die Ecke, fuhr sie nieder, und wieder war sie tot.

Diesmal war sie richtig sauer, als sie bei Gott erschien! »Du hast mir weitere zwanzig Jahre geschenkt! Jetzt bin ich schon wieder da!? Was soll das?« Gott entschuldigte sich sofort: »Rachel, es tut mir so leid! Aber ich hab' dich nicht erkannt!«

■ Zwei Japaner, Hiroshi und Kataki, treffen sich in einem Badehaus und kommen ins Gespräch. Sagt Hiroshi: »Ich muss es dir wohl sagen, es tut mir sehr leid, aber deine Frau betrügt dich.« Kataki ist entsetzt. »Was? Meine Frau?«– »Ja, und noch dazu mit einem Hebräer!« Kataki kann nicht

fassen, was er da hört, bricht sofort sein Entspannungs-
ritual ab, geht schnurstracks nach Hause zu seiner Frau
und stellt sie zur Rede: »Mayumi! Ist es wahr? Du betrügst
mich? Mit einem Juden?« Ohne zu zögern bestreitet
Mayumi die Anschuldigung ihres Gatten und stellt vehe-
ment richtig: »So a Meschiggass!«

Unsere Auseinandersetzung mit der eigenen Identität, die Ver-
einbarkeit ihrer religiösen Wurzeln mit der Moderne und nicht
zuletzt den nicht aussterbenden Antisemiten, die uns bis
heute – je nach Region – entweder weiterhin mit Dolchstoß-
legenden assoziieren oder gleich umbringen wollen, war und
ist immer ernst.
  Gerade deshalb bleibt uns nichts anderes übrig, als immer
noch die Pointe zu sehen. Und sei es nur, um von den 613 Mitz-
wot, den 365 Verboten und 248 Geboten, die ein Jude laut religiösen Vorschriften zu beachten hat – die zehn, die auch
Christen praktizieren, sind da auch dabei –, auch Nummer 614
gerecht zu werden: Du sollst Hitler keinen posthumen Sieg
gewähren!

Nicht-Wissen, mangelndes Vertrauen oder Befangenheit
gegenüber dem »anderen« sorgen weiterhin für holprige Kom-
munikation zwischen den Juden und ihren nicht-jüdischen
Mitbürgern.

- Im Frühling landete eine AUA-Maschine am Ben Gurion
  Flughafen in Tel Aviv. Die Flugbegleiterin verkündete im
  Landeanflug den üblichen Text: »Stellen Sie nun Ihre
  Rückenlehne wieder senkrecht, schnallen Sie sich an, und

bleiben Sie sitzen, bis die Maschine beim Gate zum völligen Stillstand gekommen ist. Drehen Sie bitte auch dann erst ihre Mobiltelefone wieder auf.«

Die Maschine rollte noch aus, die Stewardess setzte, ohne Luft zu holen, mit der nächsten Durchsage fort: »Jenen Damen und Herren, die die Anweisungen befolgt haben, wünsche ich ›Frohe Ostern!‹ und allen, die schon stehen und mit dem Handy telefonieren, wünsche ich ›ajn frelechen koscheren Pessach‹.«

■ Der amerikanische Präsident George W. Bush hatte einen etwas fragilen Ruf, was seine Intelligenz anging. Daher war er immer besonders empfindlich, wenn herauskam, dass jemand anderer mehr wusste als er. Eines Tages war er deswegen besonders wütend und zitierte seinen CIA-Chef Michael Hayden ins Oval Office und brüllte los: »Ich halte das nicht mehr aus. Der Mossad hat immer bessere Infos als ich, und das auch noch immer viel schneller.«

Hayden stotterte herum, rang nach einer Erklärung, die er dem Präsidenten auch mitteilen konnte, und sagte dann mit fester Stimme: »Mr. President, die Juden haben da einen Geheimcode, der ihnen das ermöglicht. Immer, wenn sie etwas wissen wollen, dann sagen sie ›wus tit sach eppes, was gibt es Neues?‹, und dann sprudeln die Informationen nur so!«

Das gab Georg W. zu denken, und er beschloss, das höchstpersönlich auszuprobieren, und zwar auf eigene Faust. Er holte sich einen des Jiddischen mächtigen Linguisten und übte den Geheimcode. Er holte sich die besten Maskenbildner aus Hollywood und ließ sich als ortho-doxer Jude verkleiden. Das Ergebnis war oscarverdächtig. George W. war nicht wiederzuerkennen. Gehüllt in einen Kaftan mit weißen Socken, Pajes und Rauschebart flog er mit falschem Pass nach New York und nahm sich ein Taxi nach Brooklyn. Niemand wusste davon, auch seine engs-ten Berater nicht. Sogar die Bodyguards hatte er nach einer speziellen Schulung abgehängt.

Er kam in Brooklyn an, sah einen orthodoxen Juden und wusste, das war sein Moment, den Geheimcode zu testen. Er ging auf ihn zu und fragte völlig akzentfrei, wie er es monatelang mit dem chassidischen Logopäden trai-niert hatte: »Wus tit sach eppes?« Darauf der Orthodoxe: »Bush is in Brooklyn.«

Unter uns brauchen wir bei aller Verschiedenheit meist keinen Dolmetscher. Wie vor Jahrhunderten kommen Juden, auch wenn sie längst nicht mehr wie ihre Väter und Vorväter Jid-disch sprechen, immer noch mit wenigen Worten, bestenfalls Silben aus, um sich verständlich zu machen:

Vor vielen Jahren brauchte ich dringend eine Kreditaus-kunft über eine Firma. Also beantragte ich beim KSV, dem Kreditschutzverband, für viel Geld eine sogenannte »große Auskunft«, die ich nach mehreren Urgenzen in der Rekord-geschwindigkeit von nur acht Tagen erhielt. Viele Seiten. Jetzt verstand ich, wieso das acht Tage lang gedauert hatte, aber am Ende der Lektüre wusste ich genauso viel – oder wenig – wie vorher. Die einzige nützliche Information, die ich in dem Kon-volut finden konnte, war die Bankverbindung. »Bankhaus Winter.«

Jetzt wusste ich, was zu tun war. Ich rief Simon Moskovics, den Eigentümer der Bank, an und fragte, ob er an meiner Stelle der besagten Firma Ware ohne Sicherheiten liefern würde. Er fragte kurz angebunden. »Wie viel?« Ich antwortete bereitwillig und erhielt unverzüglich im Bruchteil einer Sekunde die wirkliche »große Auskunft«: »Äh!« Dann legte Moskovics grußlos auf.

Wir telefonierten zwar nur, aber ich konnte seinen schräg gelegten Kopf, seine verächtlich nach unten gezogenen Mundwinkel, seine gequält nach oben wandernden Schultern trotzdem deutlich sehen und wusste alles, was ich wissen musste.

In den 1970er-Jahren besuchte mein Vater seine beiden Schwestern Helen und Anny in Miami Beach. Sie waren jetzt Witwen und Pensionistinnen und lebten in Florida. Mein Vater war im Hotel Fountainebleau abgestiegen, und wenn er nicht gerade mit seinen Schwestern zusammen war, legte er sich am Hotel-Pool in die Sonne. Dort sah er sich um, ob er vielleicht an dem einen oder anderen Gast sein holpriges Englisch austesten konnte. In den Liegestuhlreihen neben ihm, an den Tischen hinter ihm, überall unterhielten sich angeregt Gäste und waren offensichtlich netten Gesprächen gegenüber mehr als aufgeschlossen. Aber die fanden ausschließlich auf Jiddisch statt.

Am letzten Tag vor seiner Abreise ließ das meinem Vater keine Ruhe, und er fragte die Kartenspieler am Nebentisch: »Wus far a Sprach red man du in Amerike?« Ganz erstaunt drehte sich sein Sitznachbar zu ihm: »Nu, Englisch.« Darauf mein Vater: »Ech hab gur nischt gewisst, dus ech kenn asoj git Englisch!«

Happy End?

Als der Krieg vorbei war, war er nicht vorbei. Es blieben riesige Friedhöfe, unheilbare Verletzungen, offene Wunden und Narben, die Generationen lang da sein und immer wieder aufplatzen werden.

Meine Eltern waren dennoch letzten Endes angekommen. Was sie erlebt und überlebt hatten, war nicht ihr Fokus. Im Gegenteil. Immer wieder betonten sie in ihren Erzählungen, dass sie ja noch Glück gehabt hatten und es anderen viel schlimmer ergangen war. Zu keinem Zeitpunkt versanken sie in Selbstmitleid. Es war ihnen gelungen, neu zu beginnen, erfolgreich zu sein und Anerkennung und Respekt zu bekommen. Das war wesentlich mehr, als sie erwartet hatten.

Meine Eltern hatten es schon längst geschafft, nicht nur sich eine Existenz aufzubauen, sondern sogar zu Wohlstand zu kommen und mich in ein ebenfalls erfolgreiches Leben gehen zu sehen. Sie haben dennoch nie aufgehört zu arbeiten, ohne das als Belastung zu erleben. Weder meine Mutter noch mein Vater haben in ihrem Leben damit gerechnet, eine Pension zu beziehen. Keine der Vorfahren, an die sie sich erinnern konnten, hatten je staatliche Zuwendungen erhalten. Nach all den Jahren in Österreich blieb ihnen der Gedanke immer noch fremd.

Ich war 35 Jahre alt, als mein geliebter Vater viel zu früh im Alter von siebzig Jahren starb. Noch eine Woche vor seinem Tod stand er in seinem Geschäft, liebte es und war mit Freude für seine Kunden und Mitarbeiter da.

Meine Mutter kehrte nach seinem Tod wieder ganztägig in das Geschäft am Rudolfsplatz zurück, aus dem sie sich einige

Jahre zuvor ein wenig zurückgezogen hatte. Sie starb viele Jahre später und war 94 Jahre alt geworden.

Das Wunder ihrer beider Leben ist wohl, dass sie es geschafft haben, trotz ihrer Geschichte nicht nur physisch und materiell zu überleben, sondern wirklich glückliche Menschen zu werden, ohne je zu vergessen. Diese unglaubliche Lebensleistung wird mich immer begleiten und beeindrucken.

Und wir? »Irgendwann muss Schluss sein«, lese und höre ich immer wieder, wann immer das Unbehagen in Teilen der Bevölkerung mit dem Erinnern an die Vergangenheit an die Oberfläche drängt.

Ja, das würde ich mir auch wünschen. Schön wär's. Die Nachfolgegenerationen können irgendwann vielleicht gar nicht mehr wirklich nachvollziehen, was war. Aber sie spüren es, und das prägt unausweichlich auch ihr Leben.

Wir stehen auf den Schultern unserer Vorfahren und schulden ihnen Respekt, Erinnern, Fühlen und Denken. Unsere Kinder und Kindeskinder haben die Verpflichtung, sich auch im steigenden Wohlstand und Erfolg nicht zu behaglich zu fühlen.

In meiner Generation entwickelte sich eine Art Polarisierung. Die Kinder religiöser Eltern wurden noch religiöser. Die andere Gruppe wurde weniger religiös, hielt die religiösen Vorschriften immer weniger ein und fand ihre Identität im Zionismus. Viele meiner Altersgenossen gehen so wie ich nur noch zu besonderen Anlässen und zu den hohen Feiertagen in die Synagoge, um die Tradition fortzusetzen und ihre Kinder zu ihrer Identität zu führen. Am Freitag nach Büroschluss stellt sich für mich immer die gleiche Frage. Soll ich auf einen Tratsch zu meinen Freunden in die Synagoge gehen oder doch lieber auf einen Tratsch zu meinen Freunden ins Kaffeehaus? Zwischen diesen Polen bewegt sich das weiterhin höchst vielfältige Kontinuum.

In abgemilderter Form gelten die Regeln des ostjüdischen Wiener Dorfs auch noch für die Generation meiner Kinder. Gleichzeitig formen aber auch Freiheit, Frieden und Wohlstand die Menschen, und so veränderte sich auch das Dorf in Wien und seine Menschen, wie sich zuvor im Schtetl in Galizien oder der Ukraine Veränderungen unausweichlich vollzogen hatten. Nach und nach wurde es im Dorf etwas lockerer. Eine Generation nach der anderen kam in den Genuss von Bildung, brachte Wissen und neue Perspektiven und somit Veränderung in die Familien.

Und gleichzeitig wiederholt sich die Geschichte. Waren die Ostjuden der Kontrast zu den assimilierten Wiener Juden von damals, sind es heute die Bucharen, jüdische Einwanderer aus der ehemaligen Sowjetunion, die in ihrer Parallelgesellschaft unter sich bleiben und mit dem Rest der jüdischen Gemeinde oft wenig gemein haben.

Die Kinder der Schoah-Überlebenden haben früh verinnerlicht, dass nichts bleibt, was ist, und dieses Lebensgefühl auch ihren Kindern weitergegeben. So versuchen wir, uns vor Verwundbarkeit durch unerwartete negative Überraschungen zu schützen, können deshalb aber auch nie Wurzeln schlagen. Jahrzehnte später hat sich viel an Lebensumständen und Gepflogenheiten verändert. Aber im Herzen bin auch ich im Dorf geblieben.

Anlässlich einer Fotoausstellung im Jüdischen Museum hat man neben anderen auch mich zu »meiner Identität« befragt.

Ich wollte keine langwierige akademische Antwort formulie-
ren, und so erzählte ich diese Geschichte, um es auf den Punkt
zu bringen:

»Wenn Sie ein Zebra fragen ›Was ist Ihre Identität?‹, wird
es sagen: ›Was soll die dumme Frage? Ich bin ein Zebra! Mein
Vater war eins, meine Mutter war eins, meine Großeltern auch,
sogar meine Frau ist ein Zebra, also raten Sie einmal, was
meine Kinder sind?‹

Ich bin in der Herde groß geworden und kannte nur Zebras.
Anfangs waren auch alle meine Freunde Zebras. Mit der Zeit
habe ich auch andere Tiere kennengelernt. Jetzt mag ich nicht
mehr zwangsläufig alle Zebras. Manche machen es einem auch
wirklich schwer, sie zu mögen.

Aber: Wenn ein Löwe ein Zebra bedroht, dann bin ich auf
der Seite des sogar widerlichsten Zebras und helfe ihm. Denn
ich werde immer ein Zebra bleiben. Meine Streifen sind vielleicht andere, aber auch ich habe Streifen. Und das ist auch gut
so.«

■ Ein bemanntes amerikanisches Raumschiff landete nach
   vielen Versuchen endlich erfolgreich auf dem Mars. Die
   Astronauten stiegen euphorisch aus und begannen sich
   umzusehen. Schon bald bogen einige kleine, natürlich
   grüne Marsbewohner um die Ecke und richteten große,
   prüfende Alien-Glubschaugen auf die Weltraumtouristen.
   Captain McPhearson wurde die Ehre zuteil, die ersten
   Worte an die Marsianer zu richten, wie er es im Kommu-
   nikationsseminar der NASA für Außerirdische gelernt
   hatte. Er streckte die Hand aus, verbeugte sich dabei und
   sagte: »Ich, McPhearson! Wir kommen in Frieden! Wir

bringen Gutes! Wir bringen Feuer!« Dann zog er langsam ein Feuerzeug aus der Tasche, hielt es in Richtung der Marsianer und zündete das Feuerzeug an. Mit einem Riesensatz und einer entsetzten Abwehrbewegung wichen die Marsianer zurück, und der Größte unter ihnen rief bestürzt: »Schabbes!!!!«

Am Schabbes essen wir Barches oder Challah, also einen Germzopf:

- Ein Marsmännchen landete an einem Freitagnachmittag mit seiner fliegenden Untertasse auf der Mazzes-Insel, wie der zweite Bezirk in Wien auch genannt wird. In der Lilienbrunngasse ging es zufällig an der Auslage des koscheren Bäcker Engländer vorbei und betrachtete voller Gier die ausgestellten Barches. Seine Antennen begannen heftig zu surren und zu rotieren. Seine sieben Glubschaugen traten noch mehr hervor. Aufgeregt hüpfte es auf und ab und konnte sich gar nicht mehr beruhigen. Der Bäcker wunderte sich und fragte: »Was ist los? Gibt es auf dem Mars keine Challah?« Darauf das Marsmännchen: »Nein, aber das würde gut zu Gefilte Fisch passen.«

Mars, Schmars.
Reden wir noch kurz über Israel.

Halt mir das Kamel!
Wien – Israel – Wien

Für Juden hat Israel nicht nur mit ihrer Geschichte und Gegenwart zu tun, sondern vor allem mit Gefühlen und dem Erleben einer Realität, die, wie durch ein Wunder, fast normal ist.

Sagte Fritz Heller zu Karl Farkas: »Liechtenstein ist so ein riesiges Land, a Wahnsinn.« »Wie kommst du drauf?!« »Ich habe eine Landkarte gesehen, da war nur Liechtenstein drauf!«

Klingt doch absurd, oder? Aber ich traue mich zu wetten, dass nicht jedem die Ironie auffallen würde, wenn es in diesem Dialog nicht um Liechtenstein, sondern um Israel ginge.

Israel, ein Land in der Größe von Niederösterreich, das zu sechzig Prozent aus Wüste besteht, umringt von riesigen Ländern, schafft es offenbar, selbst so riesengroß zu wirken, dass es die ganze Welt in Angst und Schrecken versetzen kann und eine übermächtige Rolle in allem zu spielen scheint, was dieser Tage am Globus anliegt.

Ohne allzu sehr zu vereinfachen oder sentimental zu werden, kann ich gefahrlos behaupten, dass Israel für Juden vor allem eine Menge mit Sehnsucht, mit Stolz und Selbstbewusstsein, aber auch mit viel Ambivalenz zu tun hat.

Das beginnt mit der ganz grundlegenden Sehnsucht, ein selbstverständliches Recht auf Existenz zu haben, ohne das immer wieder aufs Neue diskutieren, verhandeln, erkämpfen und rechtfertigen zu müssen.

In den 1950er-Jahren sorgte in Israel die jiddische Variante der Farkas- und Waldbrunn-Doppelconférencen für Aufsehen. Schuhmacher, der blöde Gescheite, erklärte Dzigan, dem gescheiten Blöden, die Weltpolitik. Und so philosophierten sie über die Zustände im Nahen Osten und über Anthony Eden, den britischen Premierminister der späten 1950er-Jahre, der für eine besonders araberfreundliche Position bekannt war:

- »Wenn ich nur Englisch könnte«, seufzte Dzigan aus tiefster Seele. »Wenn ich nur Englisch könnte!«
»Nu? Was wäre dann?«, drängte ein ungeduldiger Schuhmacher.
»Dann würde ich zum Eden gehen und ihm sagen: ›Fe, fe, fe!‹«

Für die Generation meiner Eltern, die in kurzer Zeit eine Hochschaubahn an Gefühlen erlebt hat, spielt Israel eine ganz besondere Rolle im jüdischen Gefühlskarussell. Sie hat in unvorstellbare menschliche Abgründe gesehen, sie war es aber auch, die den Traum der Gründung Israels miterlebt und verwirklicht hat. Die Generation, die knapp überlebt hat, machte sich an die Arbeit, behauptete sich gegen eine militärische Übermacht und baute auf Sümpfen und in der Wüste inmitten feindlicher arabischer Länder ihren eigenen blühenden Staat auf.

Der Stolz auf das Land in den Jahren nach der Staatsgründung 1948 war überwältigend. Nachrichten über Israel waren der Mittelpunkt der Aufmerksamkeit meiner Eltern und ihrer Freunde. Wir hatten nun ein eigenes Land mit einer eigenen Armee.

Kurz nach der Staatsgründung stand die israelische Armee allerdings noch ganz am Anfang. Sie hatte kaum Waffen, kein Geld, keine adäquate Ausrüstung. Trotzdem wurden Übungen und Manöver abgehalten:

- Ein Offizier der Fallschirmspringer bildete Rekruten aus: »Also, auf meinen Befehl springt ihr gleichzeitig aus dem Flugzeug, zählt bis zehn, dann zieht ihr die Leine, und der Schirm geht auf. Wenn der Schirm nicht aufgeht, was ich für unmöglich halte, dann zieht ihr die zweite Leine. Dann geht der Fallschirm sicher auf, und ihr schwebt langsam hinunter zum Übungsplatz. Dort wartet ein Jeep auf euch und bringt euch zurück zur Kaserne.«

  Die Rekruten sprangen aufs Stichwort gleichzeitig aus dem Flugzeug, zählten wie befohlen bis zehn und zogen die erste Leine. Nichts geschah. Darauf zogen sie, wie geheißen, die zweite Leine. Nichts geschah. Während sie sich im freien Fall dem Boden näherten, sagte der eine zum andern: »Der Jeep wird auch nicht da sein. Wetten?«

- Ein Panzerkommandant sollte bei einem Manöver seinen Panzer über die Brücke fahren. Er hatte zwar keinen Panzer, aber zumindest ein Walkie-Talkie. In der Mitte der Aktion meldete der »Panzerkommandant« seinem Vorgesetzten: »Ich kann den Befehl nicht ausführen.« – »Warum?« – »Es sitzt ein großer Hund mitten auf der Brücke.«

Ich war ungefähr vierzehn Jahre alt, als ich mit meinen Eltern zum ersten Mal nach Israel kam. Das bedurfte zu dieser Zeit noch einer Schiffsreise. Anfang der 1960er-Jahre spürte man auf Schritt und Tritt, dass das Land im Aufbau war. Viele Menschen waren arm, hatten keine Autos oder Fernseher, aber sie waren stolz und glücklich. Für die meisten von ihnen war ein Traum in Erfüllung gegangen. Auch ich war dort glücklich. Das Land beflügelte auch meine Seele. Von da an verbrachte ich jedes Jahr meine Ferien in einem Kibbuz, um dort – zum Leidwesen aller – mitzuarbeiten.

1967, als Israel den Sechstagekrieg gewann, löste das eine geradezu unbeschreibliche Euphorie aus, denn das bedeutete, wir hatten es geschafft, wir würden überleben. Als der Krieg ausbrach, organisierte man Spendenabende und Vorträge von israelischen Politikern und Wissenschaftlern, alle wollten helfen und ein Teil davon sein. Mit dem Gedanken, weit weg in Sicherheit nichts beitragen zu können, wollte auch ich nicht leben. Am 10. Juni, dem, wie sich später herausstellen sollte, letzten Tag des Kriegs, flog ich gemeinsam mit einigen Freunden nach Israel.

Für meine Eltern war mein Entschluss, in den Krieg zu ziehen, eine Tragödie. Sie weinten und hatten unendliche Angst, dass mich die Sehnsucht nach diesem Land genauso das Leben kosten würde wie meine Schwester Eva. Ich würde vielleicht ebenfalls umkommen. In großer Angst, aber auch erfüllt von Verständnis und Stolz, ließen sie mich schließlich ziehen.

Mein Beitrag war letztlich keine heroische Kampfhandlung an vorderster Front. Bevor wir unerfahrenen Patrioten – es kamen Zehntausende jüdische Jugendliche aus aller Welt – Gelegenheit hatten, in den Krieg zu ziehen, war er auch schon wieder vorbei, während wir noch mit einfacheren Aufgaben betraut worden waren. Es war schon schwierig genug ohne uns.

Nach der »Operation Entebbe« 1976, als die israelische Armee die Geiseln eines von deutschen RAF-Terroristen entführten Passagierflugzeugs befreite, weinten meine Eltern vor Freude. Es ging nicht nur darum, dass Juden befreit worden waren, sondern dass Juden selbst die Befreier waren. Das hatte umso mehr Gewicht, als die – deutschen – Terroristen die jüdischen von den nicht-jüdischen Passagieren separiert hatten, ganz so, wie es noch ihre Vorfahren getan hatten. So links sie auch waren, dieser Reflex war da wie eh und je.

Einmal im Jahr wird in Israel der Unabhängigkeitstag Jom Hatzma'ut gefeiert. Lange war es üblich, an diesem Tag eine Militärparade abzuhalten, wie es andere Länder an ihren Nationalfeiertagen auch tun. Als Jugendlicher erlebte ich diesen Tag einmal auf eine ganz besondere Weise, die mir unvergesslich bleiben wird. Ich ging mit meinem Vater in Tel Aviv auf der Straße und sah nicht nur die Parade, sondern auch, wie mein Vater sie erlebte und empfand. Er hielt meine Hand ganz fest. Und weinte. Nie in seinem Leben hätte er erwartet, dass wir eine eigene Armee haben würden, nicht mehr wehrlos wären, nicht mehr ungestraft gedemütigt werden würden, nicht mehr die Opfer sein müssten. Seine ganze Geschichte wurde in diesem Moment, so konnte ich es fühlen, umgedreht und zu einem völlig unwahrscheinlichen guten Ende geführt. Ich glaube, es war ein Glücksgefühl, das nur jemand mit seiner Geschichte überhaupt zu fühlen imstande war.

Ist mittlerweile alles einfach geworden? Nein, natürlich nicht. Die Kreativität des Um-die-Ecke-Denkens, mit der die

Menschen aus dem Schtetl, die später im Café Pax residierten und sich entgegen allen Umständen ihre Leben bauten, war und ist in der israelischen Gesellschaft nicht minder gefordert. Es gibt nur einen sehr wesentlichen Unterschied: Eine typische israelische Geschichte ist mit einer starken Dosis Selbstbewusstsein gewürzt und hat einen Protagonisten, der mit hoch erhobenem Haupt durchs Leben geht:

- Auf einer hochkarätigen internationalen Konferenz kommt ein Reporter nach der großen Podiumsdiskussion endlich an die Gruppe der wichtigsten Repräsentanten aus aller Herren Länder heran: »Entschuldigen Sie bitte, was ist Ihre Meinung zur Weizenknappheit in der Dritten Welt?«

  Der Engländer fängt an zu dozieren: »Was bedeutet Knappheit?«

  Der Chinese unterbricht ihn sogleich: »Was ist Weizen?«

  Der Nordkoreaner schüttelt verstört den Kopf: »Was ist Meinung?«

  Der Amerikaner sieht mindestens so ratlos drein und fragt zurück: »Was ist Dritte Welt?«

  Bleibt dem nach Antworten heischenden Moderator nur noch einer, aber der Israeli ist auch keine Hilfe: »Was ist ›Entschuldigen Sie, bitte?‹«

Wie jeder erfüllte Traum ist auch Israel kein Paradies. Juden haben weiterhin Angst. Wer von uns es sich leisten kann, hat mehrere Wohnsitze, einen zweiten Pass und lässt seine Kinder im Ausland studieren. Selbst in Israel lassen wir weiterhin einen Koffer gepackt. Auch dort fordert die Realität uns täglich immer wieder heraus und stürzt uns in Zwiespalt:

- Kurz nach der israelischen Staatsgründung begegneten sich zwei Passagierschiffe im Mittelmeer. Das eine fuhr Richtung Israel und war voller Olim, den Neueinwanderern, die Hebräisch lernten, sich freuten, nach dem furchtbaren Krieg in einen eigenen Staat ziehen, neu anzufangen und das eigene Land mit aufbauen zu können.

  Das andere Schiff fuhr von Haifa zurück nach Europa und war voll mit Juden, die es nicht ertragen konnten, schon wieder in einem gefährlichen Land zu leben. In Israel waren sie umringt von Millionen von Arabern, die sie ins Meer treiben wollten. Sie fanden sich inmitten eines Vielvölkerstaates mit Menschen aus mehr als hundert Ländern und unterschiedlicher Kulturen, die sich nur schwer vereinen ließen. Das Gelobte Land war ein Land, wo Ärzte am Bau arbeiteten, Literaten Hilfsarbeiter waren und keiner Geld oder eine Klimaanlage besaß.

  Als die beiden Schiffe auf gleicher Höhe waren, reagierten die Passagiere auf beiden Decks auf dieselbe Weise. Sie schauten auf ihre Gegenüber, schüttelten fassungslos den Kopf und tippten sich in eindeutiger Geste auf die Stirn.

- David Zuckerman war ein moderner, junger Jude aus Brooklyn, der nie besonders fromm war. Aber an seinem 18. Geburtstag geschah etwas mit ihm. Keiner wusste, warum, aber plötzlich wollte er keine Cheeseburger mehr essen, am Schabbes nicht mehr arbeiten oder kiffen, er ging zum Gottesdienst und nachher sogar zu Fuß nach

Hause in den 14. Stock. Damit nicht genug. Eines Tages beschloss er, wenn schon nicht vierzig Jahre, dann zumindest vierzig Tage in die Wüste zu gehen, um seine Wandlung zum frommen Juden zu vollenden. Er flog nach Israel, aß natürlich nur ein koscheres Menü im Flieger und machte sich auf in den Negev.

Nur mit einem Kamel zog er durch die Wüste, sprach mit Gott und fühlte sich täglich frommer. Nach zwei Wochen allerdings spürte David ein natürliches sinnliches Verlangen. Er war schließlich ein Mann. Zuerst versuchte er, es zu ignorieren und sich noch etwas intensiver dem Gebet zuzuwenden, denn auf eine Frau war in dieser Gegend wirklich nicht zu hoffen.

Da waren nur er und das Kamel. Aber nach einer Weile, die Sonne brannte auf ihn herab, konnte er sich schon fast nicht mehr daran erinnern, wie eine Frau sich anfühlte. In der Situation sah auch das Kamel für David langsam begehrenswert aus. Noch zögerte er, aber andererseits waren sie allein, und es war noch nicht einmal Halbzeit seiner vierzig Tage.

Seine Hemmungen war er los, aber ein Problem gab es noch. David war kein Riese und das Kamel doch recht groß. Also schaufelte David mit seinen bloßen Händen einen Sandhügel hinter dem Kamel auf, der sein bestes Stück in die richtige Höhe bringen würde. Er war nur noch zwei Handvoll Sand von seiner Erlösung entfernt, der Spannungsabbau zum Greifen nah, da machte das Kamel einen Satz nach vorn. David explodierte fast. Seine Lust schmerzte schon in ihrer Dringlichkeit, also versuchte er es noch einmal. Anbinden konnte er das Kamel ja nicht. Er schaufelte, schaufelte, schaufelte noch einmal einen Sandberg hinter das Kamel, stieg auf den Sandberg, schickte sich an, den Höcker begehrlich zu umfassen, und schon wieder: Das Kamel machte einen Schritt nach vorn, und David purzelte wieder von seiner Konstruktion herunter. Er war immer noch bedürftig wie gehabt – und erschöpft.

In diesem Moment erschien eine wunderschöne nackte Frau, strich ihm wie ein leiser Windhauch über die Wange, dann weiter und weiter an seinem zum Bersten sehnenden Körper entlang und flüsterte: »Was kann ich für dich tun, schöner Mann?« David seufzte leidenschaftlich, fast glücklich, fühlte er sich doch nun seiner Erlösung so nah. »Ich flehe dich an, halt mir das Kamel!«

■ Trifft der Kohn den Levy. Sagt der Levy: »Was machst du hier? Solltest du nicht bei deiner goldenen Hochzeitsfeier sein?« – Sagt der Kohn: »Aber geh, noch lang nicht! Erst in zwei Wochen.« – »Was hast du deiner Frau eigentlich zur silbernen Hochzeit geschenkt?« Mit stolz geschwellter Brust erzählt Kohn: »Das, was sie sich gewünscht hat.« – »Nu?« – »Eine Reise nach Israel.« – »Und was schenkst du ihr jetzt zur goldenen Hochzeit?« – Sagt der Kohn grinsend: »Ich hol' sie wieder ab.«

In anderen Ehen geht es inniger zu. Apropos: Meine Frau Anita und ich saßen in Tel Aviv in der Konditorei Café Mersand. Eine Schweizerin, die uns am Nebentisch zuhörte, stellte sich vor und fragte, woher wir kämen. Ich erklärte ihr: »Unser Lebensmittelpunkt ist in Österreich, in Wien, aber wir kommen immer wieder nach Israel, um wieder aufzutanken.« Die Schweizerin lachte und seufzte: »Mein Lebensmittelpunkt ist hier in Israel, und ich fliege regelmäßig zurück nach Zürich, um dort wieder aufzutanken.«

Und weil wir weiterhin das Gefühl haben, zwischen zwei Sesseln zu sitzen, sind trotz Weltwirtschaftskrise die Flüge von und nach Tel Aviv immer überbucht, denn auch Juden, die dem Staat Israel ambivalent gegenüberstehen, haben das Gefühl, nach Hause zu kommen. In Israel sind wir keine Minderheit.

Nicht alle Aspekte jüdischen Lebens haben sich in Israel verändert. Es gibt dort genauso wie im Wiener Dorf Landsmannschaften und eine implizite Hierarchie unter ihnen. Wie die Galizianer der vergangenen Generationen auf die Rumänen herabschauten und umgekehrt, rümpfen in Israel die Aschkenasim, die europäischen Juden, die Nase über die Sephardim, die spanisch-stämmigen und orientalischen Juden, und umgekehrt. Äthiopische, irakische, iranische, deutsche, russische oder südamerikanische Juden brachten ihre von den Gastländern gefärbten Bräuche mit, die für sie nicht minder zu ihrer Identität gehören wie ihr Judentum, das sie in Israel zusammengeführt hat.

Schon vor dem Zerfall der Sowjetunion emigrierten russische Juden nach Israel, wenn sie die Möglichkeit dazu hatten. In der Gorbatschow-Ära wurde es aber leichter, und russische Alijah wurde bis zum heutigen Tag ein gesellschaftlicher Faktor in Israel. In vielen Geschäften finden sich Beschriftungen in kyrillischen Buchstaben, oft spricht das Personal auch Russisch, es gibt russisch-israelisches Fernsehen, ebensolche Zeitungen und Filme.

Mit der ersten Welle russischer Einwanderung kamen, so hatte man den Eindruck, vor allem Musiker und sonstige Künstler, und eine beliebte Fangfrage entstand:

»Was ist ein russischer Einwanderer, der ohne Geige aus dem Flugzeug steigt?« – »Pianist.«

Auch in Israel gab es eine Kaffeehauskultur, die mittlerweile auch schon der Vergangenheit angehört, wie in der Konditorei Mersand, wo die deutschstämmigen Juden sich zum Deigetzen, Schmähführen und Kluge-Reden-Schwingen, trafen. Und es gibt immer noch Nester, die durch Gemeinsamkeiten aus der Vergangenheit zusammengeschweißt bleiben: »Neharia bleibt in deutscher Hand.«

Auch bei den Kibbuzim gab es Vielfalt. Es fand sich ein Kibbuz für jede Schattierung von ganz links bis erzreligiös. Wie das Dorf in Wien, das das Schtetl in Osteuropa ersetzte, blieben auch die Kibbuzniks in Israel unter sich und bildeten ihr eigenes Dorf, ein Schtetl, diesmal eben in der Wüste.

Inzwischen hat sich die Lage unter den Landsmannschaften und Ideologien zum Positiven verändert. Als ein wesentlicher Schmelztiegel erwies sich wohl die Armee. Wenig verbindet so wie gemeinsame Feinde, auch in Israel.

Die Zweitwohnsitz-Juden aus Wien können mit den levantinischen Gepflogenheiten in Israel allerdings oft schwer umgehen. Einerseits lieben sie es, dort zu sein, anderseits geben sie sich erstaunlich überheblich. »Der Ober in Wien verschüttet den Kaffee nicht!!« Trotzdem ist Israel wie ein Magnet für sie, und jeder sucht Wege, auf irgendeine Weise einen Beitrag für das Land zu leisten und seine Solidarität unter Beweis zu stellen.

Die Generation meiner Kinder ist dabei generell wesentlich sachlicher, moderner, Israel-kritischer und auch weniger begeistert als meine, unter anderem deshalb, weil Israel für sie bereits selbstverständlich ist. Die große israelische Mehrheit hat heute mit Religion nur mehr sehr wenig am Hut. Viele meiner Freunde und ich hielten uns noch an religiöse Traditionen. Dabei ging es weniger darum, religiöse Praktiken zu verfolgen, sondern darum, sich deutlich und angstfrei als Juden zu deklarieren. Gerhard Bronner ging so weit, von sich zu behaupten, er sei »orthodoxer Atheist«. Ich bin nur Atheist, glaube ich. Denn wer weiß, vielleicht ist dieser Zustand nur vorübergehend, gewissermaßen eine Zwischenstation. Vor gar nicht so langer Zeit ging ich regelmäßig zu einem orthodoxen Rabbiner, nicht um etwas über Religion zu lernen, sondern um mein Wissen über das religiöse Judentum zu vertiefen. Für mich sind religiöse Regeln kein göttliches Gebot, sondern eine Methode, den Zusammenhalt unter Juden zu festigen und in dieser Form atheistischer Religiosität jüdische Identität zu bewahren.

Ich halte es mit Woody Allen, der einmal als Scheidungsgrund angab: »Meine Frau und ich waren uns nicht einig, ob wir die Kinder atheistisch oder agnostisch erziehen sollten.« Ich bin in meinem atheistischen-agnostischen Sein als bewusster Jude, der die Traditionen ehrt und praktiziert, aber nicht tierisch ernst nimmt, angekommen.

Nichtsdestotrotz war ich überrascht, als mich mein zum Israeli gewordener Sohn Daniel eines Tages fragte, ob ich sehr böse wäre, wenn er Spareribs kosten würde. Das war ich natürlich nicht, denn wenn man in Israel lebt, braucht man derlei Symbole nicht, um sich zu seinem Judentum zu bekennen. Er hat allerdings dennoch seine eigene, geradezu salomonische Lösung zwischen Tradition und israelischer Moderne gefunden. Er wurde Vegetarier und lebt mit sich und der Welt im Reinen.

- Tel Aviv ist so gut wie jede andere Stadt, wenn es um haarsträubende Verkehrsstaus und Mangel an Parkplätzen geht. Ein säkularer Jude, also ein Israeli, ist schon spät dran zu einem wichtigen Termin und findet, wie zu erwarten, keinen Parkplatz. Als letzten Ausweg in dieser tiefen Verzweiflung beginnt sogar er zu beten.

»Lieber Gott! Wenn du mir jetzt einen Parkplatz besorgst, dann werde ich ab morgen koscher essen und dreimal täglich beten! Ich schwöre, ab morgen werde ich …« Er hat den Satz noch nicht zu Ende gesprochen, da zwängt sich direkt vor ihm ein Auto aus einer Parklücke heraus und fährt weg.

Sofort unterbricht er sich. »Lass gut sein! Alles bestens. Es ist sowieso gerade ein Parkplatz frei geworden.«

Die ganz normale Alltagsreligiosität. Normal? Na ja …

Israel ist ein ganz normales Land, aber nur fast

Seit es existiert, lebt Israel im Krieg mit seinen Nachbarn, die seine Existenz nicht anerkennen. Was bedeutet das für ein Land? Wie definiert sich da Normalität für die Menschen, die dort – ganz normal – einfach nur ihr Leben leben wollen?

Antisemitismus gibt es weiterhin. Er ist subtiler und raffinierter und daher noch beängstigender geworden. Er versteckt sich oft hinter Israel-Kritik. »Darf man Israel nicht kritisieren?«, höre ich immer wieder. Natürlich darf man Israel wie jedes andere Land auch kritisieren. Wie jedes andere Land schon. Aber das ist nicht der Fall. Kein Land wird so massiv und unangemessen kritisiert und mit anderen Maßstäben gemessen wie Israel. In den letzten zehn Jahren hat der UN-Menschenrechtsrat Israel öfter verurteilt als alle – alle! – anderen Länder dieser Erde zusammen! Kritik ist eine Sache, Doppelstandard, also Messen mit zweierlei Maß, eine andere.

Fakt ist: Die Juden haben beschlossen, sich nicht mehr abschlachten zu lassen und zu überleben. Daran wird sich die Welt zu gewöhnen haben.

Joshua Sobol, der weit über Israels Grenzen hinaus bekannte Dramatiker, erzählte mir einmal von einer Podiumsdiskussion, an der er teilgenommen hatte. Es ging um ein Buch des israelischen Schriftstellers Avraham B. Yehoshua »Bizekhut hanormaliut«, ein Plädoyer für Normalität, das Anfang der 1980er-Jahre erschienen war. Es setzte sich mit Israels einzigartiger Mischung aus Nation und Religion auseinander. Er kam zu dem Schluss, dass diese Kombination abnormal wäre und letztlich Antisemitismus befeuern würde. Also konstatierte er mit großer Leidenschaft, Israel müsste endlich ein normales Land wie jedes andere werden. Ein Diskutant nach dem anderen gab seinen Kommentar zu dieser These ab und stimmte dem Autor im Wesentlichen zu. Zum Schluss meldete sich der Wissenschaftler und Religionsphilosoph Jeschajahu Leibowitz zu Wort und rückte die Definition von Normalität und den Beigeschmack dessen, was abnormal war, in ein neues Licht:

»Es stimmt. Wir Israelis sind abnormal«, fasste Leibowitz zusammen und fuhr mit perfektem Timing und in aller Ernsthaftigkeit fort: »In Indien ist es normal, Witwen zu verbrennen. Wir Juden verbrennen unsere Witwen nicht«, sagte er mit leiser Stimme und perfekt platzierter Pause. »Also sind wir nicht normal. Für Eskimos ist es normal, ihre alten Eltern draußen im arktischen Frost erfrieren zu lassen. Wir lassen unsere Alten im Warmen, also sind wir eindeutig nicht normal. Amerikaner verwenden den elektrischen Stuhl und lassen zehntausende Obdachlose in U-Bahn-Tunneln oder in den Straßen schlafen, das finden sie normal. In Israel haben wir kaum Obdachlose und keinen elektrischen Stuhl, also sind wir eindeutig nicht normal.« So gesehen, lässt es sich sehr gut damit leben, nicht normal zu sein. Aber nur fast.

Wenn man die Absicht hat, sich Israel gut anzusehen,
um mit der Bibel statt dem Baedeker ein Land zu sehen,
ist einem ziemlich sicher vieles vorgeschwebt,
aber nicht das, was man wirklich erlebt.
Dann eines Tages kommt man wirklich dort in Haifa an,
schaut sich die Gegend voller Neugier und voll Eifer an,
und schon am ersten Abend denkt sich dort der Gast:
Nein, das Land ist nicht komisch, es ist auch nicht tragisch,
es ist ein ganz normales Land, aber nur fast …
Wer in dem Land nicht an Wunder glaubt,
gilt dort nicht als Realist …
Wandert in das Land man ein,

muss man leicht meschugge sein,
oder man muss an Wunder glauben.
Und auf einmal kann man sehen,
wie Wunder in Erfüllung gehen ...
Fast werden süß die sauren Trauben ...
(Text und Musik Gerhard Bronner und Peter Wehle)

Tel Aviv Alltag

Als einen der Pendler zwischen Wien und Tel Aviv bringen mich die Israelis immer wieder zum Staunen. Man nennt sie Sabres wie die Kaktusfrucht, und genauso sind sie: außen stachelig, innen süß und weich, laut und desorganisiert, aber wenn es drauf ankommt, herzlich, hilfsbereit und liebenswert und voller Lebensfreude.

Israelis können genial improvisieren, aber überhaupt nicht planen. So selbstverständlich desorganisiert wie der Straßenverkehr sind auch alle Interaktionen mit Behörden, öffentlichen Einrichtungen, Banken, Geschäften und Handwerkern: Wenn es in Wien bei jemandem in der Wohnung zu brennen beginnt, was macht der? Er läuft zum Telefon und ruft die Feuerwehr an. Wenn es in Tel Aviv bei jemandem in der Wohnung zu brennen beginnt, was macht der? Er läuft zum Telefon, ruft einen Freund an und fragt ihn: »Kennst du wen bei der Feuerwehr?«

Israel ohne ständige kreative Improvisationsakrobatik wäre geradezu undenkbar. Keine auch noch so irrwitzige Idee, ein Problem zu lösen, wird von vornherein ausgeschlossen oder gar nicht erst probiert:

Die Straße, in der wir in Tel Aviv wohnen, ist von wunderschönen alten Bäumen gesäumt, die nicht zuletzt von Fledermäusen sehr geliebt werden. Die sitzen in diesen Bäumen, essen die üppig sprießenden Beeren, und dann spucken sie den Rest wieder aus, und zwar auf die denkmalgeschützten weißen Häuserwände der »White City«. Damit schaffen sie eine Unzahl an braunen Flecken, die sich dann auch nur schwer entfernen lassen.

Es gibt drei Methoden, dieser verunstaltenden Unsitte des Flattergetiers Herr zu werden. Die effizienteste ist, sich damit abzufinden und die angespuckten Wände zu ignorieren. Eine weitere Methode, die von mir, als technisch hochversiertem Experten, gewählt wurde, ist die der Tierquälerei. Die Fledermäuse werden von mir mit einem für Menschen unhörbaren, aber für sie unerträglich schmerzhaften hohen Ton beschallt, der sie dazu inspirieren soll, die Bäume vor meinem Haus zu verlassen und zum Spucken zum Nachbarn zu fliegen. Ich muss zugeben, dass trotz meiner ausgefeilten und sündteuren Anlage die Wirkung ausbleibt, denn offenbar sind meine Fledermäuse taub oder Masochisten, die die Beschallung genießen.

Für die dritte Methode haben sich unsere Nachbarn von gegenüber entschieden. Das wissen wir mit Sicherheit, weil wir sie von unserer Wohnung aus genau im Visier haben. Oder besser gesagt: sie uns. Ihre Methode versucht nämlich, der Fledermäuse durch Flutlicht Herr zu werden. Sie werden nicht ignoriert, nicht beschallt, sondern nächtens in gleißendes Scheinwerferlicht getaucht und somit verscheucht. Unglücklicherweise scheint der 100 000-Volt-Strahler nur marginal auf die Fledermäuse, sondern hauptsächlich in unser Schlafzimmer, sodass wir das ganze Jahr die weißen Nächte von St. Petersburg genießen dürfen. Erst nach langen, lebhaften Diskussionen mit unserem Nachbarn zeigte der Erbarmen und lenkte das Flutlicht eine Spur weg von unserem Schlafzimmer.

Unsere Geschichte hat uns auch gelehrt, auf der Hut zu sein. Das lässt sich auch in Israel wie eh und je in den verschiedensten Lebenslagen praktizieren.

Ich nahm in Tel Aviv ein Taxi und kam mit dem Fahrer, wie in Israel fast zwingend nötig, ins Gespräch, und er klagte mir sein Leid. Seine Frau hatte ihn verlassen und die Scheidung eingereicht. »Immer hat sie mir nachspioniert«, erzählte er. »Aber sie hat mich nie erwischt, und ich habe immer alles geleugnet.«

Ich kannte mich nicht ganz aus und fragte nach: »Und wieso hat sie dich dann verlassen?«

Der Taxler seufzte. »Ich habe gerade mit einem Fahrgast, einer wirklich schönen Frau, im Hotel einen kurzen Zwischenstopp eingelegt, da ruft mich meine Frau an und fragt mich, wo ich gerade bin. Ich sage routiniert: ›Wo ich immer bin! Im Taxi!‹ Und dann sagt sie: ›Na gut. Dann hup mal.‹«

Die individuelle Berufsinterpretation dieses Taxlers ist nicht ungewöhnlich. Berufsschulen gibt es in Israel nämlich nicht, das Land hatte immer schon andere Probleme. Das hat zwar Vorteile, denn es gibt keine bürokratischen Hürden, um einen Beruf ausüben zu können, andererseits kann's dann auch so ausschauen:

- Ein Mann geht zum Friseur: »Bitte schneid mir die Haare. Auf der rechten Seite ganz kurz. Dafür legst du einen leichten Schwungschnitt ein, wenn du meine Koteletten filetierst, damit sie schmal wie ein Strich und noch länger aussehen. Aber halt! Bitte nur auf der rechten Seite! Auf der linken Seite rasierst du mir die Kotelette ganz ab und lässt mir die Haare, wie sie sind, also beinahe schulterlang. Am Hinterkopf rasierst du mir so ein kleines Loch, wie es ein Gallach hat, der im Kloster wohnt. Weiter vorn schneidest du mir bitte einen fünf Zentimeter breiten Mittelscheitel, aber nicht genau in der Mitte, also auf keinen Fall gerade, mehr asymmetrisch, irgendwie quer. Gut?«

Der Friseur erstarrt immer mehr, fühlt sich auf empörende Weise in seiner Berufsehre gekränkt und zischt schließlich zwischen zusammengepressten Lippen hervor: »Tut mir leid, aber das kann ich nicht.« Der Kunde entgegnet ganz erstaunt: »Wieso? Vor drei Wochen hast du's doch auch gekonnt!«

Wenn es auch manchmal ein Risiko birgt, Berufe nicht bis ins Kleinste zu reglementieren, es kann auch anders verlaufen: Ein enger israelischer Freund aus einer Akademikerfamilie hatte eine bewegte Jugend und die Schule vor der Matura abgebrochen. In späteren Jahren, als er um die vierzig war und sich seine Sturm-und-Drang-Jahre endlich gelegt hatten, entwickelte sich in ihm der Wunsch, Anwalt zu werden. Er ging zur Uni, noch dazu einer religiösen, Bar Ilan, und wollte inskribieren, was sich als schwierig erwies. Keine Matura, keine Studienzulassung.

Damit hatte er gerechnet und ging zu Phase zwei über. Bei einem Termin mit dem Dekan versuchte er es mit einem Arsenal an Argumenten. Der Dekan winkte zunächst ebenfalls ab. Mein Freund lief zu Höchstform auf und fragte ihn: »Wenn Moses jetzt bei der Tür hereinkäme, dürfte der auch nicht studieren? Der hatte sicher keine Matura.«

Der Dekan war sprachlos und erbat sich dann Bedenkzeit. Nach zwei Wochen meldete er sich tatsächlich, lud meinen Freund zu einem weiteren Gespräch und bot ihm ein Probejahr an. Falls er in dem Jahr erstklassige, weit überdurchschnittliche Studienerfolge vorweisen könne, dann würde er die Studienzulassung erhalten. Inzwischen ist mein Freund erfolgreicher Anwalt.

Man kann es fast nicht verhindern, in Israel etwas zu erleben, das einen mitten in eine Ephraim-Kishon-Geschichte transportiert. Der geniale Humorist hat nichts erfunden. Jeder, der hin und wieder in Israel ist, hat solche Geschichten zu erzählen, die zwischen beispiellosem Irrwitz und wunderbarer Herzenswärme und Lebensfreude changieren.

Ein ganz normales Land – fast!

Der ehemalige Bundeskanzler Fred Sinowatz wurde für seinen Sager »Ich weiß, das klingt alles sehr kompliziert« völlig zu Unrecht verhöhnt. Er war ein Weiser. Es ist tatsächlich alles sehr komplex und kompliziert.

Worauf kommt es also am Ende des Tages an, wenn man versucht, alle überwältigenden Komplikationen, Konflikte, Vielschichtigkeiten oder Zweifel auf den Punkt zu bringen, um nicht in Gedankengebäuden irgendwo zwischen Vergangenheit und Zukunft hängen zu bleiben?

Der Weisheit letzter Schluss reduziert sich, jedenfalls für mich, auf drei ganz einfache Dinge:

Anstand.

Zweifel. Vor allem an sich selbst.

Authentizität.

Jeder neue Tag ist unberechenbar. Unser Leben kann durch unvorhersehbare Ereignisse von einer Sekunde auf die andere unwiderruflich auf den Kopf gestellt werden, sodass nichts mehr ist, wie es vorher war. Das war mir spätestens klar, als wir während des Gaza-Kriegs in Tel Aviv waren und täglich die Hamas-Raketen auf Israel gefeuert wurden. Wir saßen mit anderen im Bunker und waren uns einerseits der Gefahr bewusst, andererseits wärmten uns die Ruhe, der Zusammenhalt und die Hilfsbereitschaft der Israelis in Krisensituationen das Herz.

Men kennt lejbn, ober men losst nischt

Man könnte gut leben, aber man lässt uns nicht. Eine Schlüsselstelle der Haggada – vehih sche amda – besagt, dass es zu jeder Zeit in jeder Generation jemanden gegeben hat, der uns Juden vernichten wollte. Für mich bedeutet diese Stelle eine Erinnerung, eine Mahnung, zu keiner Zeit zu vergessen und aufmerksam im Auge zu behalten, was um uns herum vorgeht, und wehrhaft zu bleiben.

Ledor va dor, von Generation zu Generation. Mein Großvater hat es im Schtetl meinen Vater gelehrt, mein Vater mich, und ich habe es auch meinen Kindern weitergegeben und hoffe, dass sie diese Mahnung zur Wachsamkeit auch den ihren vermitteln werden. Ich wünschte, ich könnte daran zweifeln, aber alles bleibt ein Kampf, alles bleibt beim Alten.

Dennoch halte ich es mit Ben Gurion, dem ersten Minis-

terpräsidenten Israels. Auf eine völlig unlogische logische Weise bin ich wie er ein Optimist: »Jeden Tag denke ich mir, der gestrige Tag war besser als der heutige sein wird.«
Ledor va dor auf den Flügeln des Humors.

- Treffen sich ein Pfarrer, ein Imam und ein Rabbiner zum ökumenischen Austausch über die Sintflut. »Wenn heute wieder eine Sintflut käme«, fängt der Pfarrer an zu philosophieren, »was würdet ihr tun, um das Unheil abzuwenden? Wir würden inbrünstig beten!« Der Imam sieht das anders: »Das wäre Kismet. Wenn Allah das so will, würden wir unser Schicksal annehmen. Und was würdet ihr tun?«, fragt er dann den Rabbiner? – »Wir würden lernen, unter Wasser zu leben.«

Postscriptum –
Dichtung und Wahrheit

Was ist Mythos? Was ist Erinnerung? Was Tatsache? Mein Vater weigerte sich nach der Shoah, je wieder in sein Schtetl Jablonica zurückzukehren. Alles, was blieb, waren seine höchst abenteuerlichen Geschichten, die mich geprägt haben. Viele davon waren unglaublich. Er war unglaublich. Vermisse ich ihn? Oder ist es die sehnsüchtige Fantasie, die ich mir von meinem viel zu früh verstorbenen Vater zurechtgelegt habe? Glorifiziere ich mein Wunschbild von ihm, oder wünsche ich mir, für meine Kinder so ein Vater zu sein, wie er es für mich war?

Irgendwann wurde es mir immer wichtiger, herauszufinden, ob mein Vater wirklich so war, wie ich ihn immer gesehen hatte, oder einfach nur ein guter Geschichtenerzähler.

Mein Vater wurde in Ostgalizien geboren. Damals war es ein Teil Österreich-Ungarns, später gehörte es zu Polen, dann zu Russland, war Teil des Deutschen Reiches und schließlich der Sowjetunion. Heute liegt es in der Ukraine. Mein Vater war polnischer Ulan, mein Großvater noch k.u.k. Soldat in kaiserlichen Diensten. Mittlerweile bin ich selbst schon Groß-vater, und es wurde mir immer wichtiger, nicht nur zu fühlen, sondern ganz objektiv zu wissen, ob mein Vater so war, wie ich ihn immer gesehen habe. Ich fühlte mich sogar schuldig wegen dieses immer wieder aufflammenden Verlangens, mit Sicher-heit wissen zu wollen, ob er mir Heldensagen erzählt hat, oder ob er nicht nur mein, sondern wirklich ein Held war. Ich hatte Angst davor, mich dieser Wahrheit zu stellen. Ich wollte nichts herausfinden, das mein Bild, meine Liebe zu meinem Vater auch nur im Geringsten schwächen konnte. Aber ich wollte auch abschließen und die im logischen Teil meines Gehirns immer wieder aufblitzenden Zweifel so oder so aus dem Weg räumen.

Im Sommer 2012 flog ich hin. Zunächst nach Lemberg, das heute Lviv heißt. Von dort aus, in einer Odyssee über Stock und Stein, zweieinhalb Stunden über Straßen, die den Namen kaum verdienen, von einem Schlagloch zum anderen, suchte und fand ich Stanislau. Heute heißt es Iwano-Frankiwsk. Stanislau hat heute etwa 200 000 Einwohner und ähnelt einer zwar im post-kommunistischen Sinn freien, aber verschlafenen, sicher nicht westlichen und schon gar nicht modernen Stadt. Die Spuren der Vergangenheit waren wie eingefroren, die Stadt noch kaum renoviert, es gab kaum Geschäfte, keine Werbung oder sonstige Symbole einer florierenden Marktwirtschaft. Ich stieg in einem eigenartigen Hotel gleich neben der Synagoge ab. Es war von einem Juden, der nach dem Krieg in die »judenreine« Stadt gezogen war, renoviert worden und wird, ungeachtet der Tatsache, dass es, außer Leuten wie mir auf der Suche nach der Vergangenheit, praktisch keine jüdischen Gäste hat – woher auch –, streng koscher geführt. Die Wände sind mit »Stürmer«-ähnlichen Karikaturen »dekoriert«, deren bittere Ironie an die meisten Gäste vermutlich verschwendet ist. Meine erste Anlaufstelle war der Rabbiner, ein Lubawitscher, der mir von vielen zerstörten Friedhöfen und von zumindest einigen wenigen Gedensteinen, die an Erschießungen erinnern sollten, erzählte. Heute gibt es vielleicht noch drei Dutzend Juden in Stanislau, wo früher 35 000 Juden lebten. Aber mitten im Nichts, wo es kaum noch Juden gibt, hat der Rabbiner koscheres Fleisch auf dem Tisch – importiert, und zwar ausgerechnet aus Wien. Das gefiel mir wieder. Circa 150 Kilometer weiter lag schließlich Jablonica, das ostgalizianische Schtetl, das kleine Dorf meines Vaters in den Karpaten, das heutige Yablunytsia. Im Vorfeld hatte ich eine lokale Wissenschaftlerin und Museumsmitarbeiterin, Frau Flys, und eine Dichterin aus Stanislau, Halya Petrosanyak, ausfindig gemacht, die meine Entdeckungsreise sprachlich und als Kennerinnen der lokalen Gegebenheiten begleiten sollten. Als mich Halya abholte, um mit mir nach Jablonica zu fahren, wusste ich dank der beiden schon, wo wir die Synagoge und das einstige Grundstück meiner Familie in Jablonica finden würden, sogar, dass meine Familie einen ganzen Berg besessen hatte, Wald- und Grundbesitz. Halya ist, wie sie mir später erzählte, Huzulin und war ebenfalls in einem Dorf, dem Schtetl meines Vaters nicht unähnlich, aufgewachsen. Mein Vater hatte immer voll Verachtung von den Huzulen und Ruthenen und ihrem primitiven, ungebildeten, gewalttätigen, versoffenen, frömmelnden Judenhass gesprochen ...

In Jablonica schließlich riet mir Frau Flys, den katholischen Feiertag zu nutzen. »Alle Alten werden da sein, die können wir ansprechen.« Vorbei an der orthodoxen Kirche kamen wir zur griechisch-katholischen Kirche und dem Friedhof, wo auf eine dicht gedrängte Menge, vor allem Frauen, aus Lautsprechern die Predigt herunterprasselte. Dort versuchten wir, unter den in festlicher Tracht aufgeputzten Huzulen Ansprechpartner zu finden. Dialoge kamen in dem herrschenden Grundverständnis »Was war, war, darüber wollen wir nicht reden« rasch ins Stocken. Angespannt und in Angst, dass die Umstehenden dieses Gespräch oder den Versuch, dieses Gespräch zu führen, bemerken würden, wandten sie sich schnell ab. Was mir erst jetzt bewusst wurde, war die Komplexität der Unterdrückungspraktiken in diesen Dörfern. Ich wusste natürlich von der Unterdrückung und Verfolgung der Juden. Was mir aber jetzt dort klar wurde, war die Perfidie, dass unsere Unterdrücker, diese Ruthenen und Katholiken, die mit so viel leidenschaftlichem Hass auf uns Juden herunterblicken wollten, selbst – erst von den Polen, später den Deutschen, den Ungarn und dann den Russen – eine lange Unterdrückungsgeschichte erlebt hatten. Das veränderte etwas in mir – und machte es mir nicht leichter, mich mit meinen Gefühlen auseinanderzusetzen.

Dann sahen wir einen uralten Mann den Berg herunterkommen. Wie sich später herausstellte, war er etwas jünger als ich. Viel gesprächiger als die anderen war er auch nicht, aber er zeigte auf Häuser, die ehemaligen »jüdischen Häuser« unten am Berg, von denen ihm seine Eltern erzählt hatten, und er verwies uns an einen anderen, diesmal wirklich alten Mann. Der hieß Mazalak und war Jahrgang 1930. Ich fragte ihn nach meinem Vater und meiner Familie. Engelstein? Kannte er nicht. Unter anderem deshalb, weil es im Dorf nicht üblich war, sich beim Nachnamen zu nennen. Ich fragte ihn schließlich, ob er überhaupt Juden gekannt hatte. Wie aus der Pistole geschossen meinte er: »Pokusch und Ksil.« Mir blieb das Herz stehen. Der Spitzname meines Vaters, den ich bisher niemandem gegenüber erwähnt hatte, war Pokusch. Er hatte mir auch erzählt, dass er unter Juden »der Lange« genannt wurde, weil er der Größte in der Familie war. Auf Polnisch bedeutet »Pokurcz« »Winzling«. Ksil war sein Bruder Karol. »Pokusch hat meinem Vater das Leben gerettet!«, rief Mazalak und brach in

Tränen aus. Das war das Wesentliche, was er sich von meinem Vater gemerkt hatte, aber dem ging viel voraus: Mazalaks Vater hatte im Straßenbau gearbeitet. Er hatte Pokusch 1942 in Worochta, als die Deutschen begannen, mithilfe der Einheimischen die dortigen und aus Ungarn deportierten Juden zu erschießen, im richtigen Moment das Richtige gesagt: »Geh nicht in dein Haus. Sie erschießen Juden.« Genauso hatte mein Vater es mir erzählt. Er und sein Bruder waren daraufhin geflohen. Als ihre Flucht sie nach Jahren wieder nach Jablonica geführt hatte, saßen sie dort abermals in der Falle. Und nun kam der entscheidende Moment, von dem Mazalak erzählte: »Vasylyna Tynkaljuk hat Pokusch in diesem Erdloch versteckt.«

Wir suchten nun diese Frau, von der Mazalak berichtet hatte. Wir gingen in das Haus, eher eine Hütte, das er uns gezeigt hatte, und fanden eine uralte Frau vor. Vasylyna Motruk, geborene Tynkaljuk, lebte hier mit ihrem einzigen Sohn, einem Alkoholiker, war bettlägerig und hörte kaum noch. Als wir sie nach versteckten Juden, zwei Männern, fragten, schrie sie sofort »Pokusch!« und zeigte in die Richtung, wo das Erdloch gewesen war, in dem sie ein halbes Jahr lang vergraben gewesen waren. Vasylyna begann zu weinen und Psalmen zu singen. Die alte Frau war das Pflegekind des Ehepaars, das Pokusch und seinen Bruder einst gerettet hatte. Wie sie die Geschichte erzählte, hatte Pokusch ihre Pflegemutter, Kateryna Mysjuk, gebeten: »Rette mich!« Sie hatte zuerst geantwortet: »Ich muss Mychajlo, meinen Mann, fragen.« Aber dann hätte Vasylyna von ihren Pflegeeltern den Auftrag bekommen, zwischen einem Apfel- und einem Birnbaum das Erdloch zu graben. Das bedeutete damals akute

Lebensgefahr auch für sie. Sie hatten auch keine Zweifel daran, dass ihre Nachbarn sie sofort angezeigt hätten, wenn sie draufgekommen wären, und die Gestapo hätte auch mit ihnen kurzen Prozess gemacht. Sie brachten den Versteckten ausschließlich nachts in einem Kübel Essen zum Apfelbaum und taten dabei, als ob sie Wasser holen wollten. Sie hatten schreckliche Angst davor, erschossen zu werden, aber sie taten es. Mein Vater, sein Bruder und dessen schwangere Frau konnten dieses Erdloch sechs Monate lang so gut wie nie verlassen, nur bei Neumond, im Schutz der Dunkelheit. Ich hatte bisher nicht gewusst, dass Edna, die Frau meines Onkel Karol, ebenfalls in dem Erdloch versteckt war. Edna hatte nie darüber gesprochen.

Ich wollte das Versteck sehen. Vasylynas Sohn bot an, es uns zu zeigen, aber sie wehrte zunächst ängstlich ab. »Die Leute werden reden.« Sie hatte immer noch Angst. Wir sahen es schließlich doch. Reste einer Erdgrube waren zu erkennen, der Apfelbaum stand noch. Ich fragte Vasylyna: »Hat sich mein Vater revanchiert?« Ja, das hatte er. Er hatte später der Familie ein Haus, Grund und Geld geschenkt. Vasylyna hatte dann einen Mann geheiratet, der der anti-russischen Ukrainischen Aufstandsarmee UPA angehörte und später zu 25 Jahren Sibirien verurteilt wurde. Die ganze Familie verbrachte daraufhin zehn Jahre in Zwangsarbeit in Sibirien. Dann wurde er begnadigt, und die Familie kehrte zurück. Zu Hause wurden sie dann als Verräter oder Russenschweine beschimpft, und ihr Haus, das sie von Pokusch bekommen hatten, war zerstört worden. Daraufhin hatten sie diese Hütte auf dem Berg gebaut, in der wir Vasylyna als alte Frau mit ihrem Sohn vorfanden. Der Mann hatte sie kurz nach ihrer Rückkehr aus

Sibirien wegen einer jüngeren Frau verlassen. »Mein langes Leben verdanke ich Pokusch«, sagte sie mir ohne Bitterkeit, zu der sie jede Berechtigung gehabt hätte, »er hat für mich gebetet.«

1944, als nicht allzu viele glaubwürdige Nicht-Nazis in der Gegend zu finden waren, machten die Russen meinen Vater im mittlerweile »judenreinen« Jablonica zum Bürgermeister. Das hatte er mir oft erzählt, und ich gestehe, ich hatte Momente, für die ich mich nach dieser Reise schäme, wo ich mir nicht sicher war, ob das wahr oder eine Räubergeschichte war, wie sie ein Vater seinem Kind eben erzählt. Wie ich nun erfuhr, stimmte es. Der Bruder meines Vaters und dessen hochschwangere Frau Edna waren inzwischen wieder in Ungarn, und mein Vater, der Bürgermeister von Jablonica, ging von Haus zu Haus und lieferte den Russen die Nazis aus. Er zeigte Mörder und Plünderer an, die wie vorher die Juden, wie Mazalak sich sehr wohl erinnerte, auf einen Sammelplatz gebracht wurden. Die nächste Station der mordenden und plündernden Ukrainer war allerdings Sibirien, nicht wie für die Juden der Massenerschießungsplatz im benachbarten Wald. Mazalak erzählte von dem Moment, wo sein Vater für den Zug nach Sibirien fällig gewesen war. Aber Pokusch, mein Vater, hatte gesagt: »Der nicht.« Pokusch hatte sich revanchiert. Er hatte nicht vergessen, was »der« für ihn getan hatte. Er hatte sein Leben gerettet, nun rettete er ihm das seine. Der alte Mann vor mir weinte. Die Ära meines Vaters als Bürgermeister von Jablonica endete wieder, nachdem er auf die Abschussliste der UPA, der Ukrainischen Aufstandsarmee, geraten war und ihm bewusst wurde, dass er hier allein unter Feinden, wo er nicht einmal mehr die Gräber der

Seinen finden konnte, kein Leben hatte. Abermals von Bauern, diesmal in einem Heuwagen, versteckt, floh er wieder nach Ungarn. Mazalak hatte mir bestätigt, was mein Vater erzählt hatte.

Ich fragte nach den anderen Juden. Da waren keine mehr. Angeblich waren einige wenige ebenfalls »versteckt« gewesen. »Ich weiß es nicht«, hörten wir oft. Oder »kann mich nicht erinnern«. Aber das Stichwort »Pokusch« löste immer wieder Reaktionen aus. »Er war ein guter Mensch« oder »Er war reich«. Einige meiner ängstlichen und zögerlichen Informanten waren nach dem Krieg auch zu Geld gekommen. Fürs Judenretten? Sie erzählten es nicht. Es hatte Massenerschießungen gegeben, so viel stand fest, auch wenn hier nicht einmal eine Gedenktafel darauf hinwies. Das hatten die Russen mit der Begründung verweigert, dass hier keine Juden, sondern, wie anderswo auch, sowjetische Bürger erschossen worden waren. Eine Frau erzählte wieder von Pokusch. »Er hat meiner Mutter Tücher verkauft, auf Raten«, berichtete sie. Und wir hörten, dass die Erschießungskommandos um 17 Uhr aufhörten. Bürozeit Ende. So wurde ein junges Mädchen noch einmal nach Hause geschickt. »Geh nach Hause, schönes Kind.« Ihre Familie war schon erschossen worden. Vom ehemaligen jüdischen Friedhof in Tatarow, wo einst meine Vorfahren begraben wurden, war keine Spur mehr zu sehen. Nur noch ein einziger großer, verwaister Grabstein, den die Bauern noch nicht zum Bauen ihrer Häuser geholt hatten, erinnerte an den Friedhof. Dieser eine Stein war wohl zu schwer zu transportieren. »Es hat Erschießungen am Fluss gegeben«, erzählten zwei alte Frauen, die mit einem Hund durch den ehemaligen Friedhof marschierten. Im ehemaligen Gestapo-Haus lebt nun ein Oligarch. Wo einmal die Synagoge war, steht jetzt ein Trafo. In Jeremtscha fanden wir ein Antiquitätengeschäft, das Judaica, unter anderem Kiddusch-Becher und Dutzende Schabbes-Leuchter, führte. Ich kaufte zwei ganz einfache. Wer weiß, vielleicht hatte einer meiner Verwandten irgendwann einmal gerade die in der Hand gehabt. »Im Winter ist Saison«, meinte der Besitzer, »da habe ich mehr Ware.« Ich dachte nur: Bis heute verkaufen sie die Juden, obwohl sie sie schon längst alle ausgerottet haben. Im Grunde genommen ist dort die Zeit stehen geblieben. Viele sind heute, wie sie damals waren. Gewaltbereit, primitiv, patriarchalisch, ängstlich hinter ihrem Wirtshausgebrüll versteckt. Aber einige von ihnen sind trotzdem fähig, in Extremsituationen aus ihren Glaubenssystemen andere, nämlich ethische Schlussfolgerungen zu ziehen – und unter Einsatz ihres eigenen Lebens den einen oder anderen Juden zu retten.

Ich fuhr wieder nach Hause. Selten war mir so bewusst, wie wenig selbstverständlich das war. Ich fuhr nach Hause, zu meiner Frau, meiner Familie, zurück in mein Leben. Was ich erlebt habe, hat mich nicht verändert, aber es hat mich doch verändert. Es war meine emotionalste und anstrengendste Reise. Unbändige Wut, Trauer und Glücksgefühle ließen mich für eine Weile nicht mehr schlafen. Und Dankbarkeit, dass es immer wieder, auf allen Seiten, doch ein paar Menschen, wirkliche Menschen gibt. Ich habe mich nie als Opfer gefühlt. Ich kann Opfergeschichten nicht ausstehen. Es verletzt meinen Stolz, ein Opfer sein zu sollen. Ich fände es auch obszön, mich als Opfer zu fühlen, denn mir selbst ist nichts geschehen, das auch nur annähernd mit dem Schicksal der Generation meiner

Eltern verglichen werden darf. Ich wollte mich nie mit dem Leid meiner Vorfahren »hervortun«. Das wäre zu leicht. Nach dieser Reise will ich es noch weniger. Ich will nie – nie! – Opfer sein.

Kleines Schtetl-Lexikon

Nicht alles in diesem Buch ist auf Deutsch geschrieben, und oft ist es im Buch nur in Kurzform erklärt. Da ist es nur fair, zumindest die Andeutung eines Wörterbuchs zu bieten, das diese Ausflüge in andere Sprachen, meist Jiddisch, zusammenfasst, ohne Anspruch auf Vollständigkeit zu erheben. Man weiß ja nie, wann man das braucht.

A gewir wie a Goj	Eine Kraft wie ein → Goj
A git gebenscht jur	Ein gutes, gesegnetes Jahr. Wunsch zu → Rosch HaSchanah und → Jom Kippur
A gitn	Kurzform für: Einen guten Tag, wie geht es dir?
A gitte massldike Woch	Eine gute, glückliche Woche. Wunsch am → Schabbes
A Mensch wus kriecht oijf die gleiche Wänd.	ein Verrückter, der versucht, glatte Wände hochzuklettern
A Rusche of jenner Welt	Bösewicht im Leben, der im Jenseits bestraft wird und dann in Armut existieren muss
A zweiter Rothschild nebbich!	verächtlich für einen armen Mann
Ad mea we esrim	Aus dem Hebräischen: → Bis 120

Adonoi elohenu, Adonoi echat	Gebet. Aus dem Hebräischen: Es gibt nur einen Gott
Alejnu le Schabeach	Gebet, das immer nur am Ende eines Gottesdienstes gesprochen wird. Aus dem Hebräischen: Es ist unsere Pflicht, Gott zu preisen.
Alijah	Rückkehr der Juden ins Gelobte Land, jüdische Auswanderung nach Israel. Aus dem Hebräischen: Aufstieg
Alijah la Torah	Aufruf zur → Torah. Plural: Alijot la Torah. Auf Jiddisch: alije
Apu	Aus dem Ungarischen; apa: Vater
Ascher Jatzar	Segensspruch, der nach erfolgreicher Verdauung den Toilettengang beschließt. Aus dem Hebräischen: Wer (den Menschen) in Weisheit geschaffen hat
Aschkenasim	Juden mit europäischen Wurzeln
ausgeweppt	verkalkt
Baal Schem Tov	berühmter Rabbiner, Gründer des Chassidismus
Balegule	Kutscher
Bar (m.) / Bat (w.) Mitzwa	Aus dem Aramäischen und Hebräischen: Sohn/Tochter des Gebots; Beginn der religiösen Mündigkeit
Barches	Germzopf. Auf Hebräisch: Challah. Plural: Challot
Behejme	Rindvieh
Beis Oilem	Friedhof

Beisl	Gastwirtschaft. Aus dem Hebräischen; bait: Haus
Bis 120!	Geburtstagswunsch, Kurzform für: 120 Jahre alt sollst du werden!
Bocher	junger, unverheirateter Jude
Briß	Beschneidung
Brith Milah	Aus dem Hebräischen: Beschneidung
Broche, Bruche	Aus dem Hebräisch Brachah: Segensspruch
Bsile	Jungfrau
Chanukka	jüdisches Lichterfest
Chanukka sameach	Wunsch zu → Chanukka
Chap nischt	Aus dem Jiddischen: Fang nicht. Wird verwendet, um auszudrücken: Immer mit der Ruhe, nicht hetzen; mach' keinen Druck.
Chap nischt die Fisch far die Netz	Aus dem Jiddischen: Fang die Fische nicht, bevor sie ohnehin ins Netz gehen!
Chasan	Kantor, Vorbeter in der Synagoge. Plural: Chasanim. Jiddisch: Chasn
Chassene	Hochzeit
Cheder	religiöse jüdische Schule, ab Kindergartenalter
Cherev	Schwert
Chewre Kadischa	Begräbnisorganisation. Aus dem Aramäischen: heilige Gesellschaft
Chippe	Hochzeitsbaldachin

chochmetzen	obergescheit daherreden
Chuchem	Gelehrter
Chuppah	Aus dem Hebräischen: Hochzeitsbaldachin
Chutzpe	Aus dem Hebräischen: Frechheit, Anmaßung, Dreistigkeit, Unverschämtheit
Dachz ech mech ...	Ich denke mir ...
davenen	beten, wobei der Betende in der Konzentration auf das Gebet seinem Oberkörper vor und zurück wiegt
deigetzen	reden, diskutieren
dermannen	sich erinnern
Der Rebbe sugt ...	Der Rabbiner sagt ...
Drusche	Rede
Dus Leben is asoj schwer.	Das Leben ist ja so schwer.
Ech bin geween takke ojf Zores.	Ich hatte echte Probleme.
Ech challesch.	Ich werde ohnmächtig.
Ech darf ...	Ich brauche ...
Ech hob dech in d'Erd.	Fluch. Wörtlich: Ich wünsche dich unter die Erde.
Ech mit maan Tatsch	Ich mit meinem hervorragenden Deutsch
Ech weijss?	Ich weiß nicht.
Ejzes	Ratschläge

Er hot den Dalles.	Armer Mann.
Er hot nischt kejn Parnusse.	Er hat kein Einkommen.
Er hot sie fant.	Er mag sie nicht.
Er tappt nebbach a Wand.	jemand, der im Dunkeln tappt und dadurch nicht vorwärtskommt
Eruv	ein symbolischer Zaun um jüdisches Wohngebiet, innerhalb dessen die Sabbatregel, nichts zu tragen, außer Kraft gesetzt ist
Es fehlt ihm a Klepp im Mojach.	Bei ihm ist eine Schraube locker.
Es is bei ihm a ganz Juhr Pessach, er hot nischt ojf a Stickl Broit	Bei ihm ist das ganze Jahr Pessach, wo Juden kein Brot essen dürfen, d. h. er hat das ganze Jahr nicht einmal ein Stück Brot.
Es is mir geworn schwarz far di Ojgn.	Ich bin vor Schreck fast ohnmächtig geworden.
Evjen	armer Mann, Pechvogel
Fin Naches	aus Freude
Galizianer	Jiddisch für Galizier
Gallach	katholischer Priester. Plural: Gallochim
Ganeff	Aus dem Hebräischen: Gauner. Plural: Ganuvim
Gefilte Fisch	traditionelles kaltes Fischgericht

Gemure	Zweiter Teil des → Talmud. Aus dem Aramäischen; gamar: lernen, studieren
Geneiwess	Diebstähle
Gewalt!	Hilfe!
Git Jontev	Guten Feiertag
Goj	Nicht-Jude. Aus dem Hebräischen: Nation. Plural: Gojim
Goldene Medine	das goldene Land, verwendet für Amerika, das Land der unbeschränkten Möglichkeiten
Grobber Finger	Daumen
Haggada	Erzählung der Befreiung der Juden aus der ägyptischen Sklaverei und Handlungsanweisung für den → Seder. Aus dem Hebräischen: erzählen, berichten
Hakoah	Jüdischer Sportverein. Aus dem Hebräischen: Kraft
Halacha	Aus dem Hebräischen: gehen, wandeln. Rechtlicher Teil der jüdischen Überlieferung, die 613 → Mitzwot enthält
Hejsergeher	erfolgloser Hausierer; Hungermann, armer Mann
Hesped	Totenrede
Hob nischt kejn Moire.	Hab keine Angst.
Hoiker	Buckel
Hungermann	Pechvogel

Ich hob nischt kejn Tanes.	Ich beschwere mich ja nicht.
Jeschiwe	religöse jüdische Schule, wo der → Talmud gelehrt wird
Jeschiwebocher	Student des → Talmud
Jid	Jude
Jieches	hohes Ansehen aufgrund der familiären Abstammung
Jingele	Aus dem Jiddischen: Bub
Jom Kippur	Aus dem Hebräischen: Tag der Sühne
Jom tov	Aus dem Hebräischen: Guten Tag
Jüdische Gasse	Die jüdische Gemeinschaft
Kalle	Braut
Kapure schlugn	Sühneopfer bringen
Kapzn	ein Mensch, der bitterarm ist
Kehille	Aus dem Hebräischen: Gemeinde
Kejn ejnhore	Wörtlich: kein böses Auge; im Sinne von »nichts verschreien«
Kibbitz	jemand, der einem (beim Karten oder Schach spielen) über die Schulter schaut und ungefragte Ratschläge erteilt
Kibbuz	Aus dem Hebräischen: Versammlung, Kommune. Basisdemokratisches Kollektiv im ländlichen Israel.

Kiddusch	Segensspruch über einem Becher Wein zur Einleitung des Schabbat und jüdischer Feiertage Aus dem Hebräischen; kadosch: heilig
Kigl	traditionelles Kartoffelgericht
Kim ahejm.	Komm nach Hause!
Klafte	Xanthippe. Wörtlich: Hündin. Aus dem Hebräischen; kelev: Hund
klären	nachdenken, philosophieren
Klezmer	Jüdische Musik aus der Tradition der – ostjüdischen → Aschkenasim. Von → Semer.
Kojdem kol	Aus dem Hebräischen: zuerst einmal
koscher	Aus dem Hebräischen: tauglich (lt. jüdischen Speisegesetzen), im Gegensatz zu → trefe
Koscheres Fleisch	Muss von Geflügel oder von Paarhufern stammen, die gleichzeitig Wiederkäuer sind. Das Tier darf nicht gejagt worden sein, man darf also keine Tiere schlachten, die vorher verletzt worden sind. Sie müssen geschächtet werden, das heißt, so geschlachtet, dass das Blut möglichst vollständig herausgeflossen ist, bevor das Fleisch gegessen werden darf.
Krächz	Stöhnen
Kroin	Krone
Kuved	Aus dem Hebräischen: Ehre, Würde

kvellen	sich über die eigenen Kinder freuen; vermutlich die einzige Sprache der Welt, wo die Freude über die eigenen Kinder einen eigenen Ausdruck vorsieht. Aus dem Deutschen: Quelle.
kvetschen	sich beschweren
Kvod Harav	Aus dem Hebräischen: verehrter Rabbiner
Latkes	Kartoffelpuffer
Lecha Dodi	Gebet, das am Anfang des Schabbatt gesprochen wird. Der Schabbatt wird von diesem Gebet so empfangen; wie die Braut vom Bräutigam. Aus dem Hebräischen: Komm, mein Freund.
Levaje	Begräbnis
Lokschn mit Jojch	Nudelsuppe
Loschek	Pferd
Malach	Aus dem Hebräischen: Engel
Malbesch	Aus dem Hebräischen: Kleidung
Mamme	jüdische Mutter
Mammeloschn	Muttersprache
Mammser	Ein außerhalb der Ehe, »in Schande«, in einer verbotenen Beziehung zwischen zwei Juden gezeugtes Kind. Aus dem Hebräischen: Bastard
Masl	Aus dem Hebräischen: Glück

Mazltov	Gratuliere! Aus dem Hebräischen. Wörtlich: gutes Glück
Mazzes	Ungesäuertes Brot, ähnlich dünnem Knäckebrot. Aus dem Hebräischen: Matzah
Mechaje	Wonne
Medine-Jid	Ghettojude
Mejwen	Experte in einem Wissensbereich. Aus dem Hebräischen; mewin: verstehen
Melach	König
Melammed	Lehrer
meschigge	verrückt
Meschiggass	Verrücktheit, Unsinn
Mesimmen	Bargeld
Mesuse	Schriftkapsel am Türpfosten jüdischer Häuser
Mezije	Sonderangebot. Aus dem Hebräischen: Fund, guter Kauf, unerwartete finanzielle Einnahme
Mischpoche	Familie
Misrach	Hebräisch: Osten
Mit die Ojgen winken.	schelmisch blinzeln, zwinkern
Mitzwe	gute Tat
Mitzwot	Plural von → Mitzwe

Mohel	Beschneider, der die → Brith Milah, die männliche Beschneidung durchführt. Jiddisch: Mojl
Nebbich	bedauernswerter Mensch
Nekejwe	schöne, junge Frau
Nem boi	Ungarisch: Macht nichts
Nudnik	Lästiger Mensch, Langweiler, Nervensäge. Aus dem polnischen nuda: Langeweile
Numen	Name
Nunn	Nonne
Oberchochem	Besserwisser
ojchet	auch
Ojf gehackte Zores	große Probleme haben
Ojf kapures	überflüssig
Onju	Aus dem Ungarischen; Anya: Mutter
Pajes	Schläfenlocken der orthodoxen Juden
Parnusse	Einkommen
parve	neutral (entsprechend den jüdischen Speisegesetzen, weder milchig, noch fleischig oder → trefe)
Pessach	Feiertag, an dem Juden des Auszugs aus der ägyptischen Sklaverei gedenken
pinkt	genau
Pokusch	Kosename. Aus dem Polnischen: Pokurcz

Polischi	Ungarisch: Ein Pole. Von Juden nicht-polnischen Ursprungs meist abfällig verwendet.
Puretz mit a loj	Versager
Purim	Jüdisches Fest. Erinnert an die Rettung der persischen Juden
Raschi	berühmter deutscher Kommentator der → Torah
Rav	Aus dem Hebräischen: Rabbi. Kurzform für Rabbiner
Rebbe	Rabbiner
Rebbetzen	Frau des Rabbiners
Rosch Hakul	Präsident der Gemeinde
Rosch ha-Schanah	jüdisches Neujahrsfest
Sabre	In Israel geborene Juden. Aus dem Hebräi-schen: Kaktusfeige. Anspielung auf die israelische Mentalität, außen stachelig, innen süß.
Schabbat	Aus dem Hebräischen: aufhören, ausruhen. Ruhetag, an dem keine Arbeit verrichtet werden darf. Beginnt am Freitagabend bei Sonnenuntergang, dauert bis nach dem Sonnenuntergang am Samstag.
Schabbat Schalom	Gruß am Schabbat. Wörtlich: Samstagsfriede
Schabbes	→ Schabbat

Schabbes-Goj	Nicht-jüdischer Assistent, der am → Schabbes Dinge erledigt, die religiösen Juden an diesem Tag nicht erlaubt sind.
Schadchen	Heiratsvermittler
Schalom	Aus dem Hebräischen: Friede
Schammes	Tempeldiener
Schanah Tova	Aus dem Hebräischen: Ein gutes, gesegnetes Jahr. Wunsch zu → Rosch HaSchanah und → Jom Kippur
schickern	zu viel Alkohol trinken
Schickse	nicht-jüdische Frau
Schil, Schul	Synagoge, eigentlich Sammelbegriff für Schule, wo Kinder und Jugendliche im Studium der Torah, der fünf Bücher Moses, unterwiesen werden und Erwachsene → Talmud-Unterricht bekommen. Gleichzeitig Ort zum dreimal täglichen Beten.
Schitef	Geschäftspartner
Schitwes	geschäftliche Partnerschaft
Schiwe	Trauerversammlung
Schlepper	siehe Nebbich
Schlimmassel	Pechvogel
Schma Israel	Gebet: Aus dem Hebräischen: Höre Israel
Schmatte (Substantiv)	wörtlich: Fetzen, Lappen

schmatten (Verb)	taufen
Schmattes	Trinkgeld. Aus dem Jiddischen → Schmatte
Schmock	Wörtlich: Penis. Auch verwendet als abfällige Bezeichnung für einen unangenehmen Menschen, einen Snob.
Schmoneh Esre	Gebet. Mittelpunkt des jüdischen Gottesdienstes. Aus dem Hebräischen: achtzehn
Schnorrer	Bettler
Schoah	Judenmorde. Begriff vorwiegend für den Holocaust im Zweiten Weltkrieg gebräuchlich, aber nicht darauf beschränkt. Aus dem Hebräischen.
Schofar	Ein Widderhorn, das an bestimmten jüdischen Feiertagen geblasen wird
Scholet	Bohneneintopf. Auch: Tschulent. Die Speise bedient auch das religiöse Verbot, am → Schabbes zu kochen, da es, vor Anbruch des Schabbes aufgestellt, stundenlang von alleine köcheln kann und soll.
Schomer Hazair	Aus dem Hebräischen: der junge Wächter. Sozialistisch-zionistische Jugendorganisation, gegründet Anfang des 20. Jahrhunderts im österreichisch-ungarischen Galizien
Schtetl	Wörtlich: kleine Stadt. Kleine Gemeinden mit hohem jüdischen Bevölkerungsanteil in Osteuropa vor dem Zweiten Weltkrieg
Schulem alechem	Aus dem Hebräischen: Friede sei mit dir

Seder	Abendessen beim Pessach-Fest. Aus dem Hebräischen: Ordnung
Sejchel	Aus dem Hebräischen: Verstand
Semer	Aus dem Hebräischen: Lied
Sephardim	Juden mit spanischen und orientalischen Wurzeln
sich plagen	nichts essen, nicht schlafen (um beim Militär als untauglich befunden zu werden)
Sieße/r	Süße/r
Sifz	Seufzer
Stibl	Stübchen
Tachles reden	Offene Worte, diskutieren. Aus dem Hebräischen; tachlit: Ziel, Zweck
Tacke ojf Zores	echte Probleme haben, verloren sein
Talles	Gebetsschal
Talmud	Regeln für die jüdische Alltagspraxis. Aus dem Hebräischen: Belehrung. Besteht aus zwei Teilen, Mischna und Gemara
tatschen	Ins Jiddische übersetzen. Wörtlich: auf Deutsch übersetzen
Tatte	jüdischer Vater
Tfillen	Gebetsriemen
Tineff	Wertloses Zeug. Aus dem Hebräischen: Schmutz

Torah	Die fünf Bücher Moses. Erster Teil der hebräischen Bibel. Aus dem Hebräischen: Lehre, Weisung
trefe	Nicht den jüdischen Speisevorschriften entsprechend. Aus dem Hebräischen.
Untam	ungeschickter, unbeholfener Mensch, Verlierer
varkaloschet	verrückt
vermischt	verrückt
Vermuggen sollen wir es bejde, wie viel es fejlt ihm zi finef Dollar	Ich wünsche uns beiden so viel Vermögen, wie ihm fehlt, bis er fünf Dollar hat, nachdem er seine Schulden bezahlt hat.
verschmockt	versnobt
Vin wannet kimmt a Jid?	Wörtlich: Von wo kommt ein Jude?
Wer is du?	Wer ist da?
Wus hackst di mir den Tscheinig?	Geh mir nicht auf die Nerven.
Wus is dus?	Was ist das?
Wus sell ech tin?	Was soll ich tun?
Wus tisti?	Was machst du?
Wus tit sach eppes?	Was gibt es Neues?
Wus tojgt dus?	Wozu soll das gut sein?

Zaddik ojf dieser Welt	Ein Gerechter auf dieser Welt, dem es jetzt schlecht geht, aber der im Leben nach dem Tod Belohnung zu erwartet hat
Zeducke geben	Bedürftige unterstützen
zerdillt	verrückt
zerdrejt	verrückt
zerhotzkert	verrückt
zerriedert	verrückt
zerstrudelt	verrückt
Zimmes	süßes, warmes Karottengericht
Zores	Probleme, Not, Bedrängnis
Zulieb Kuved	der Ehre wegen

Ein historisches Panorama
der »Welt von gestern«

Sie sind Fabrikanten oder Wissenschaftler, Schriftstellerinnen oder Rabbiner, Industrielle oder Journalisten, Operettenkönige oder Pädagoginnen, Architekten oder Ärzte. Marie-Theres Arnbom zeichnet ungewöhnliche, mitunter skurrile Lebenswege nach, die von Wien nach Kansas führten oder aus Bad Ischl nach Afrika.

Auf der Basis von persönlichen Dokumenten und Erinnerungen entspinnt sich ein großartiges Panorama der Lebenswelt des Wiener jüdischen Großbürgertums, repräsentiert von Familien wie den Hirschfelds, Koritschoners, Bienenfelds u. a.

Marie-Theres Arnbom

Damals war Heimat

Die Welt des Wiener jüdischen Großbürgertums

248 Seiten, zahlreiche Abbildungen
ISBN 978-3-85002-877-6
eISBN 978-3-902862-97-6

Amalthea   amalthea.at

DIE BRAUER HAGGADA

Die »Haggada« erzählt die Geschichte des Auszugs der Juden aus der ägyptischen Sklaverei und begleitet den Ablauf des Sederabends am Vorabend des alljährlichen Pessach-Festes. Wenn sich Familie und Freunde beim Festmahl versammeln, wird aus der »Haggada« gemeinsam gelesen und gesungen.

Für die neue »Brauer Haggada« hat Arik Brauer, der international renommierte Mitbegründer des Phantastischen Realismus, 24 Bilder geschaffen, die diese Geschichte illustrieren. Oberrabbiner Paul Chaim Eisenberg kommentiert im Dialog mit Erwin Javor die biblischen Texte ebenso wie der israelische Dramatiker Joshua Sobol. So vermengen sich in der »Brauer Haggada« die Stimmen und Gefühle moderner, kritischer Juden mit der Beständigkeit religiöser Tradition und Zugehörigkeit.

....

DIE BRAUER HAGGADA
Hrsg. von Erwin Javor

Prachtausgabe für den Sederabend, mit CD
126 Seiten, zahlreiche Abbildungen
ISBN 978-3-85002-861-6

DIE BRAUER HAGGADA – HANDBUCH
Hrsg. von Erwin Javor

Handbuch für den Sederabend
126 Seiten, zahlreiche Abbildungen
ISBN 978-6-85002-862-2

Amalthea   amalthea.at